大原千鶴の

お料理ノート

一生使える、基本の味つけ

決定版

何度も作った欠かせない味つけを
一冊にまとめたら、
料理がさらに時短で
ストレスフリーに。　皆様の毎日の
お役にも立ちますように。

料理研究家という肩書きで仕事を始めてちょうど20年。おかげさまでほんとうにたくさんのレシピを世に送り出す機会をいただき、そのことをまず皆様にお礼申し上げたいと思います。本当にありがとうございました（まだ引退ではありませんが　笑）。

思えばこの20年。世の中の変化はとてつもなく凄まじく、それを受けて毎日の食卓も随分と変わってきたと感じます。

特にコロナ禍のもと、コンビニやスーパーのお惣菜の充実度は格段に上がりました。外食はできずとも、行きたかったお店の味をデリバリーで自宅にいながら楽しめるようにもなりました。すごいことです。

そんな中ですが、お恥ずかしながら私はまだデリバリーにも、コンビニお惣菜にも挑戦できず、未だにこの20年で成人した子どもの、いつとは知れない帰宅に向けてせっせとおかずを作り続けています（地味すぎる）。私ってやっぱり料理を作るのが好きなんだなぁ。と自嘲的に思います。

かれこれ料理の本も30冊ほど出させていただいている私ですが、何を隠そう、料理を作る時、

「え～っと。この料理はこの本でやったはずやなぁ」

「あれあれ、あのレシピどの本やったっけ？」

とキッチン横の本棚にある自分の本を何冊もめくっては大騒ぎ。

「え！そんなん覚えてへんの？」と聞かれそうですが、覚えてないですよ～。元々記憶するのが苦手な上におっちょこちょいの私。

毎回バタバタせず、スマートに料理ができるように、自分の基本配合がズラーっとまとまった覚書「秘密のお料理ノート」を自分自身のために作りたい。ここしばらくずっとそう思っておりました。

最近、特に思いが強くなってきたため、試しに長年お世話になっている編集者の土居さんにご相談しましたら。

土居「ステキです！一生使える一冊になりますので、ぜひ！（心の声…小出しにもできるのに、こんなに多くを一回で紹介するなんて大胆な！）」

私「やった～～！」

ということで晴れてここに「お料理ノート」が完成いたしました。

何冊も陣取っていた何冊もの私のレシピ本たちはもう手荒に扱われることもなく、ゆっくりと本棚に戻り、代わりにこのノートが毎日活躍してくれることでしょう。お料理の時間がこれでだいぶん短縮でき、ストレスフリーになりそうです。

この本で、そんな秘密を皆様にもおすそわけ。

皆様「どこが秘密やのん？」

はい、つまり秘密は瞬く間に広まっていく運命なのです。

私の秘密が皆様に役立つ秘密となりますように。

大原千鶴

目次

はじめに　2
毎日の「すぐごはん」が
うまく回るひとワザ　7

お酢でさっぱり、あっさり。　9

定番甘酢　10
鶏むねのとろっと甘酢　10
油淋鶏《ユーリンチー》　11
やみつき冬瓜　12
ピリ辛きゅうり　13
なすと鶏だんごの南蛮漬け　14
春雨サラダ　15
和風酢豚　16
天津飯　17

関西風すし酢　18
ばらずし　18
みょうが甘酢　20
紅白なます　20
酢蓮　20
千枚漬け　20
もずく酢　22
にんじんマリネ　22
キャベツの炒めなます　23

関東風すし酢　24
鯛ちらし　24
蛤ちらし　25
鯖きずし　26
あじのエスカベッシュ　27

浅漬け酢　28
きゅうりの浅漬け　28
キャベツとにんじんの浅漬け　29

玉ねぎドレッシング　30
ミニトマトのマリネ　30
キウイとほたてのカルパッチョ　31

ごま酢　32
きゅうりのごま酢あえ　32
焼きささみとブロッコリーの
ごま酢あえ　33

辛子漬け酢　34
かぶの辛子漬け　34
なすの辛子漬け　35

おろしぽん酢　36
牛肉の焼きしゃぶ　36
貝割れのおろしぽん酢マリネ　37
鶏ももグリル焼き　おろしぽん酢　38

定番ぽん酢　39
たらちり　40
ほうれん草ごまぽん酢　41
牡蠣ぽん酢　41

ケチャップ甘酢　42
牛こまケチャップ甘酢炒め　42
えびチリ　43
鯛のから揚げ　ケチャップ甘酢あん　44

みそでしみじみ。 45

みそ汁の対比 46
大根とお揚げさんのみそ汁 47
豆腐とお揚げさんの白みそ汁 48
お揚げさんとのりの赤みそ汁 49

甘みそ 50
鮭のレンチンみそ煮 50
なすのごまみそ煮 51

田楽みそ 52
ふろふき大根 52
里いものごまみそあえ 53

辛子酢みそ 54
ねぎのてっぱい 54
丁子麩の辛子酢みそあえ 55

なめろうみそ 56
かんぱちのなめろう 56
アボカドみそワカモレ 57

ごまみそだれ 58
ごまみそだれ豆腐 58
黒ごまジャージャー麺 58

だしで手軽に料理を格上げ。 59

だしのひき方2種 60
いつもの「水だし」 60
ここぞ！の「よそ行きだし」 61

「1+1《いちいち》」煮汁 62
鶏じゃが玉 62
鯛かぶら 64
小松菜と厚揚げのさっと煮 65

おひたし地 66
なめこのおひたし 66
水菜の辛子びたし 67
ピーマンの焼きびたし 67

吸い地 68
えべっさんのお汁 68
牡丹はも 69

うどんだし 70
刻み揚げうどん 70
鶏卵うどん 71
京風鴨南蛮そば 72
にゅうめん 73

めんつゆ 74
ざるそば 74
親子丼 75

天つゆ 76
天ぷら 76
揚げだし豆腐 77
銀あん 78
ねぎオムレツ 78
さばのから揚げ 野菜あんかけ 79
茶碗蒸し液 80
梅茶碗蒸し 80
だし巻き液 81
だし巻き卵 81
炊き込みご飯の味つけ 82
五目炊き込みご飯 82
鶏とにんじんの炊き込みご飯 83
Column
炊き込みご飯の味つけ（塩味） 84
さつまいもの炊き込みご飯 84

ご飯がすすむしょうゆ味。 85

照り焼きだれ 86
鶏の照り焼き 86
豚肉のしょうが焼き 87
すき焼きだれ 88
牛すき焼き 88
豚すきだれ 89
豚すき焼き 89
焼き肉だれ 90
焼き肉 90
ぶりの照り焼き 91
湯豆腐だれ 92
湯豆腐 92
づけだれ 93
サーモン丼 93
ぶりのてこねずし 93
煮魚煮汁 94
鯛のあら炊き 94
さばのしょうゆ煮 96
煮魚煮汁（白身魚用） 97
あこうだいの煮つけ 97
甘煮だれ（干ししいたけ・かんぴょう用） 99
甘煮だれ（油揚げ用） 99
干ししいたけと油揚げの甘煮 98
にらだれ 100
揚げ魚のにらだれ 100
にらだれ卵黄ご飯 100

おいしさに家族がうなる熱愛洋食ソース。 101

ハンバーグソース 102
ハンバーグ 103
トマト煮込みハンバーグ 104
ロコモコ風丼 105
ミートソース 106
ミートソースパスタ 107
ミートドリア 108
ミートポテサラ 109
タルタルソース 110
タルタルチキン 111
えびタルサラダ 112
たらのフライ 113
ホワイトソース 114
えびのクリームシチュー 115
鶏とほうれん草のグラタン 116
カレーベース 118
チキンカレーとサブジのプレート 117
チキンカレー 119
サブジ
キャベツ 120
じゃがいも、にんじん、オクラ 121
保存版「**味つけカード**」 122

毎日の「すぐごはん」が
うまく回るひとワザ

野菜のゆで方

野菜の味わいを左右する食感。
野菜をおいしくゆでると、
料理もおいしくなります。

根菜

少なめの水で蒸し煮にして甘みを引き出す

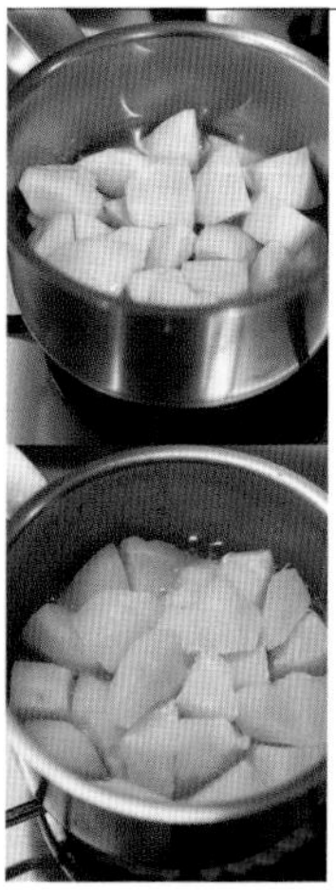

・かたい根菜は、
水からゆでる。
・野菜から水分が出るので、
水は少なめでよい。

葉野菜

湯の温度を下げず、ゆですぎない

・温度が下がらないように
たっぷりの湯で、
少量ずつゆでる。
・根元を先に入れ、
葉はさっとゆでる。

ブロッコリー／青豆

2分ほどゆで、水にはとらない

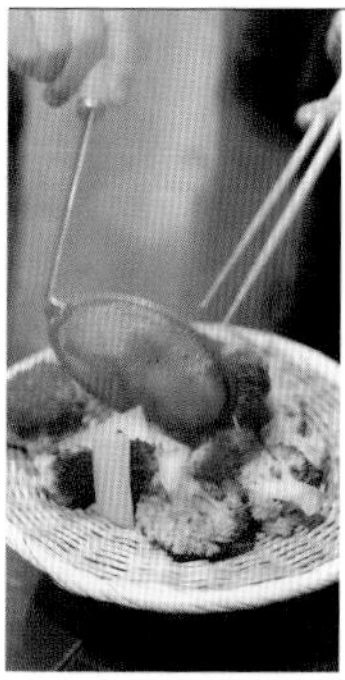

・ブロッコリーや青豆など、
しぼれない野菜は、
水にとらず、おか上げする。

魚介の下処理

魚介はかんたんな下処理で
ぐんとおいしさが引き立ちます。

魚に塩をふる

魚2切れ（180g）に対して塩小さじ¼

魚に塩をふると、下味がつき、臭みがとれて身が適度に締まり、うまみが凝縮する。塩をふったら10分以上おいて出た水気（臭み）をふき、その後、調理する。

えびの下処理

片栗粉で臭みをとり、塩でぷりっと

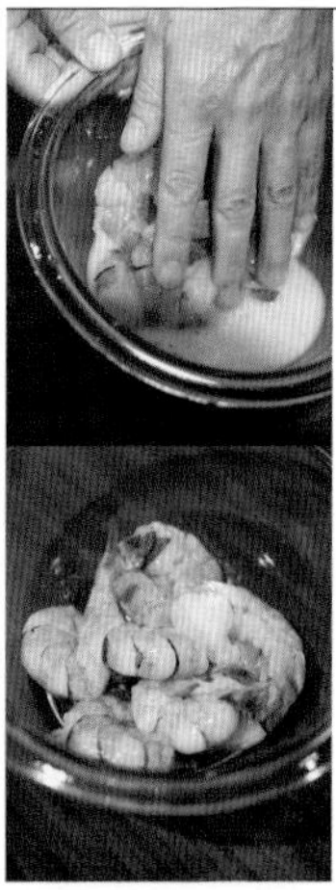

えびは殻をむき、背ワタがあれば竹串で除き、ボウルに入れる。片栗粉、水各大さじ1程度を加えてもみ、水でさっと洗ってペーパーで水気をふき、塩少々をもみ込む。

食べたい時にすぐ炊ける「ストック米」

たっぷりの水で2～3回洗い、ざるにあげて水気をきり、保存容器か保存袋に入れる。食べたい時にすぐ炊ける。
＊冷蔵で冬は5日間、夏は3日間保存可。

面倒に思えても、米は使う分ずつ洗い、分けてストックするのが圧倒的に便利。必要な分だけ、炊きたてご飯が楽しめる。

レシピを変えずに、味のバリエーションが3倍に！

塩分換算表

塩の分量	しょうゆ味に変える場合 塩の分量の約6倍	みそ味に変える場合 塩の分量の約8倍
小さじ1/4	小さじ1 1/2	小さじ2
小さじ1/2	大さじ1	大さじ1 1/3
小さじ1	大さじ2	大さじ2 2/3
大さじ1	大さじ6	大さじ8

塩、しょうゆ、みその塩分濃度は、
塩100％に対して、
・しょうゆ15〜16％、
・みそ（信州みそ）12〜13％です。
塩味の料理をしょうゆ味やみそ味にする場合は、しょうゆは塩の分量の約6倍量、みそは約8倍量に置き換えるだけ。覚えておくと便利です。

○材料のこと

・米油は、なければ、太白のごま油やサラダ油でも。
・煮きりみりん…耐熱容器にみりんを入れてラップをしないで、沸騰するまで電子レンジにかける。
・溶き辛子…粉辛子を水適量で溶く。
・実山椒…冷凍で1年間保存できるので、時季に作っておくと便利。手袋をして枝から実をはずす。流水で洗い、ざるにあげる。熱湯に塩少々を入れ、実山椒を7分ほどゆでる。冷水に1時間つけ、アクを抜く。水気をしっかりととり、保存袋に入れる。自家製がなければ、市販の水煮でも。

○この本の決まり

・計量カップは、1カップ＝200㎖、計量スプーンの大さじ1＝15㎖、小さじ1＝5㎖。1㎖は1ccです。
・特に記載のない場合、火加減は中火、だし汁は昆布と削り節の水だしです。
・フライパンは、フッ素樹脂加工など表面加工のものを使っています。
・電子レンジの加熱時間は、600Wを基準にしています。500Wの場合は1・2倍、800Wの場合は0・75倍にしてください。機種によって熱量に多少差がありますので、様子をみながら、加熱してください。
・電子レンジやオーブン、オーブントースターなどの調理器具をご使用の際は、お使いの機種の取扱説明書に従って使用してください。
・煮る時間、焼く時間は目安です。火の通りをみながら、加減してください。

お酢でさっぱり、あっさり。

お酢が好きです。
そんなに酸っぱすぎないやさしい酸味は、
おいしさを広げてくれる上に減塩にもつながります。
私は決まって京都の「千鳥酢」を使いますが、どこのものでも
米酢ならまろやかな酸味を楽しんでいただけると思いますよ。
ここでは色々なお酢使いをご紹介しますが、
ふだんのお料理にもほんの少しのお酢をたらすだけで、
味がしまってぐっとおいしくなるのでぜひ色々やってみてください。
これ、/お酢すめ/です。

定番甘酢

調味料は1：1：1。
砂糖は混ぜてしっかり溶かします。
覚えておくと大助かりの万能甘酢。

砂糖－大さじ2 酢－大さじ2 うすロしょうゆ－大さじ2
＊混ぜ合わせる

鶏むねのとろっと甘酢

甘酢は火を入れるとコクが出るので、
淡泊な鶏むね肉がおいしくなります。

片栗粉をまぶすと、
鶏むね肉がパサつきにくく、
甘酢にほどよいとろみがつきます。

材料（2人分）と作り方

鶏むね肉 ── 小1枚（200g）
塩、こしょう ── 各少々
片栗粉、ごま油 ── 各大さじ1
パプリカ（細切り）── 100g
定番甘酢 ── 全量

1 鶏肉は1cm幅のそぎ切りにし、塩、こしょうをふり、片栗粉をまぶす。

2 フライパンにごま油を中火で熱し、1を入れ、パプリカをのせてから、ふたをして焼く。鶏肉の側面の半分くらいが白くなったら上下を返し、鶏肉に火が通ったら、定番甘酢を加え、とろりとするまでからめる。器に盛り、あればせりを添える。

油淋鶏《ユーリンチー》

冷たい油から揚げた鶏肉は
パリッとジューシー！

甘酢に生の長ねぎ、しょうがを
合わせて
香りとフレッシュ感を。
肉・魚介の揚げものを
おいしく引き立て、
軽やかな味に。

材料（2人分）と作り方

鶏もも肉 ― 1枚（300g）
塩、こしょう ― 各少々
片栗粉 ― 大さじ2
米油 ― 適量
たれ（混ぜ合わせる）
定番甘酢（P10） ― 全量
長ねぎ（みじん切り）
― 1本分
しょうが（みじん切り） ― 10g

1 鶏肉は厚い部分に切り込みを数か所入れ、塩、こしょうをふり、片栗粉をまぶす。

2 フライパンに**1**を皮を下にして入れ、鶏肉の厚みの半分くらいの高さまで米油を入れて中火で熱する。鶏肉の側面が白くなったら上下を返し、表裏を8〜10分ほどかけてカリッと揚げ焼きにする。揚げ網に取り出し、2分ほどおく。

3 **2**を食べやすく切って器に盛り、たれをかけ、好みで青じそ（せん切り）をのせる。

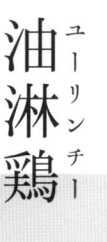

やみつき冬瓜

冬瓜を手軽にレンジで下処理。
冬瓜がやわらか～いのがおいしい料理。

冬瓜は繊維を断って薄切りに。
ゆでる代わりにレンジで手軽に時短。
塩をふり、水にとってえぐみを抜きます。

材料(4～5人分)と作り方

冬瓜 ── 1/8個(正味360g)
塩 ── 小さじ1/2
ごま甘酢(混ぜ合わせる)
定番甘酢(P10) ── 全量
すりごま(白) ── 大さじ2
ごま油 ── 大さじ1

1 冬瓜は皮をむいてワタと種を除き、3㎜ほどの厚さに薄く切る。耐熱ボウルに入れて塩をまぶしてふんわりとラップをし、電子レンジに4分かける。水に5分ほどさらして水気をしぼる。

2 ごま甘酢で冬瓜をあえ、ごま油を回しかけてざっとあえる。器に盛り、好みですりごま(白)をふる。

＊冷蔵で5日間保存可。

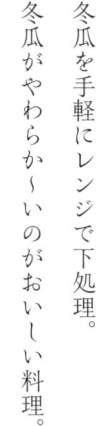

大きめに割ったほうが
きゅうりの食感が引き立ちます。

ピリ辛きゅうり

薬味たっぷりの甘酢がからんだパリパリきゅうりは、いくら食べても食べ飽きない。

材料(4〜5人分)と作り方

きゅうり — 3本
塩 — 小さじ1
たれ(混ぜ合わせる)
　定番甘酢(P10) — 全量
　いりごま(白) — 大さじ1
　青じそ(粗みじん切り) — 5枚分
　しょうが(細切り) — 10g
　おろしにんにく、粉唐辛子
　　(韓国産・中びき) — 各少々
　ごま油 — 小さじ1

1　きゅうりはすりこぎなどで軽くたたいてから一口大に割ってボウルに入れ、塩をまぶして5分ほどおき、出た水分をしっかりきる。

2　たれで1をあえる。

＊冷蔵で3日間保存可。

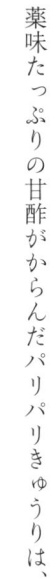

なすと鶏だんごの南蛮漬け

だしの香りがきいた甘酢が
揚げ鶏だんごと
とろとろのなすを格上げ。

材料(2〜3人分)と作り方

なす ── 4〜5本(300g)

鶏だんご

鶏ひき肉(もも) ── 200g
玉ねぎ(みじん切り) ── 30g
塩 ── 小さじ¼
片栗粉、ごま油 ── 各小さじ2

だし甘酢(混ぜ合わせる)

定番甘酢(P10) ── 全量
だし汁 ── 200mℓ
塩 ── ふたつまみ

米油 ── 適量

1 なすはヘタを切り落として、縦半分に切って皮に斜めに細く切り目を入れ、水に5分ほどさらして水気をふく。

2 鶏だんごの材料をよく練り混ぜ、一口大に丸める。

3 フライパンに米油を高さ1〜2cm入れて170℃に熱し、なすを入れる。時々箸で上下を返し、しんなりするまで揚げ、油をきる。鶏だんごを入れ、表面がかたまってきたら箸で転がしながらカリッと揚げ、油をきる。

4 **3**を保存容器に入れ、熱いうちにだし甘酢をかけ、冷めるまでおく。器に盛り、好みでおろししょうがをのせる。

MEMO

なすは、皮側から高い温度(170〜180℃)で揚げると、色鮮やかに。

＊冷蔵で3日間保存可。

具が熱いうちにだし甘酢をかけると、味がよくなじみます。

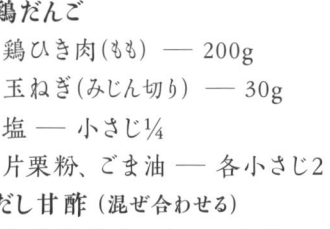

春雨サラダ

水でのばした甘酢で春雨を煮ながらもどすと、作るのがかんたんになり、より春雨がおいしく。

材料(2〜3人分)と作り方

たれ

定番甘酢(P10) ― 全量
水 ― 150mℓ

春雨(乾物) ― 50g
にんじん(細切り) ― 40g
きゅうり(細切り) ― 1本
ハム(細切り) ― 50g
ごま油 ― 大さじ1

1 鍋にたれの材料を入れて混ぜ、春雨、にんじんを入れて中火にかける。煮立ったら箸で全体を混ぜながら2分ほど煮る。火を止め、ふたをして粗熱がとれるまでおく。

2 きゅうり、ハム、ごま油を加えて混ぜ、そのまま冷ます。器に盛り、好みですりごま(白)、粉唐辛子(韓国産・中びき)をふる。

春雨は水でもどさずに
そのままたれに入れてもどすから、
中まで味が入り、確実においしくなります。

和風酢豚

だしをきかせた酢豚は酸味まろやか、外はカリッと中はしっとりとした揚げ長芋が新鮮な味。

材料（2〜3人分）と作り方

長芋 — 150g
豚肩ロース肉（とんカツ用） — 300g
塩、こしょう — 各少々
片栗粉 — 大さじ2
和風甘酢あん
| **定番甘酢**（P10） — 全量
| 片栗粉 — 大さじ1½
| だし汁 — 200㎖
米油 — 適量
しし唐辛子（小口切り） — 8本

1 長芋は皮つきのまま厚さ1cmのいちょう切りにする。豚肉は3cm大に切り、塩、こしょうをふり、片栗粉をまぶす。

2 フライパンに米油を高さ1〜2cm入れて170℃に熱し、豚肉を入れる。表面がかたまってきたら箸で転がしながらカリッと揚げ、油をきる。続けて長芋を入れ、時々箸で転がしながら、カリッとするまで素揚げし、油をきる。

3 **2**のフライパンをきれいにして和風甘酢あんの材料を入れ、ヘラで混ぜて片栗粉を溶かしてから中火にかけ、絶えず混ぜる。とろみがついてきたら、ごま油を少々加えて混ぜ、**2**を入れ、全体にからめて火を止める。器に盛り、しし唐辛子（小口切り）をのせる。

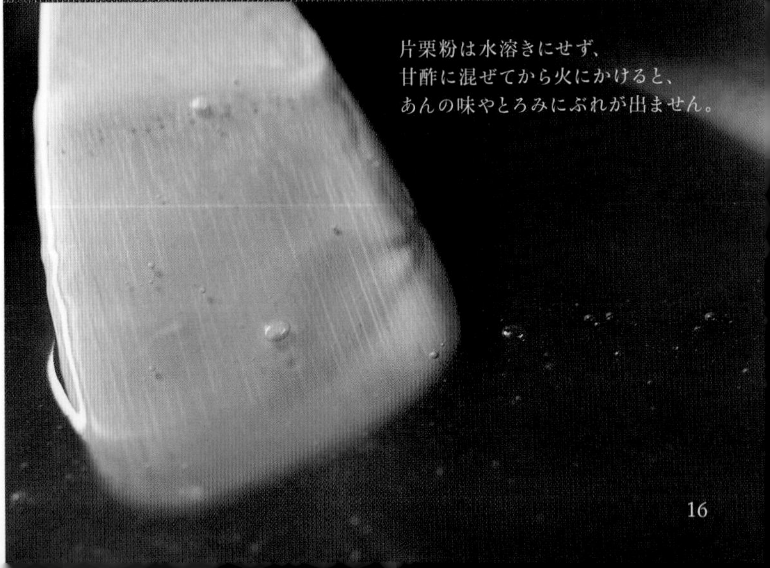

片栗粉は水溶きにせず、
甘酢に混ぜてから火にかけると、
あんの味やとろみにぶれが出ません。

卵液はフライパンを
しっかり熱してから入れると、
手早く半熟状にできるので、
卵がふんわりとします。

天津飯

卵は火を通しすぎないこと。
具はかにかまだけ。
卵のよさが引き立ちます。

材料(2人分)と作り方

卵 ── 4個
かに風味かまぼこ(細かくほぐす) ── 10本
塩 ── 少々
中華甘酢あん
定番甘酢(P10) ── ½量
片栗粉 ── 大さじ1
鶏ガラスープの素(顆粒) ── 小さじ1
水 ── 200mℓ
ごま油、温かいご飯 ── 各適量

1 小鍋に中華甘酢あんの材料を入れてヘラで混ぜ、片栗粉を溶かしてから中火にかける。絶えず混ぜ、とろみがついてきたら火を止め、ごま油少々を加えて混ぜる。

2 ボウルに卵を割り入れ、卵白をきるように混ぜ、かにかま、塩を加えて混ぜる。器にご飯を盛る。

3 フライパンにごま油小さじ2を中火で熱し、**2**の卵液の半量を入れ、箸で大きくかき混ぜ半熟状になったら火を止め、すぐにご飯にのせる。もう1杯を同様に作る。

4 **3**に**1**のあんをかけ、あればゆでたえんどう豆少々をのせる。

関西風すし酢

少し甘めがおいしい、具が野菜のばらずし用のすし酢。じつはどんな野菜もおいしい甘酢漬けになる〝使える配合〟です。

酢－40㎖
砂糖－大さじ2
塩－小さじ⅔

＊混ぜて酢に砂糖、塩を溶かす

ばらずし

生魚を使わないばらずしは、甘めのすし飯に甘めの具を重ねて、おいしく仕上げます。

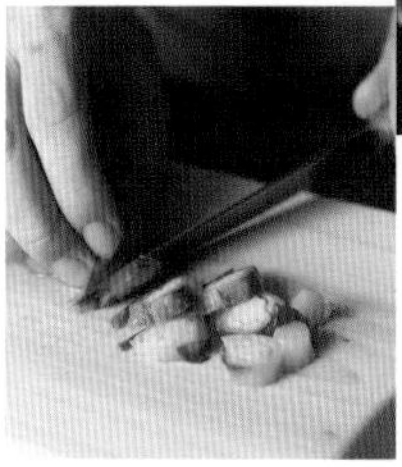

みょうが甘酢
→P20

材料(2人分)と作り方

すし飯

温かいご飯 ― 1合分
関西風すし酢 ― 全量

具材

干ししいたけ ― 2枚 (10g)
A［砂糖 ― 大さじ1
　 干ししいたけのもどし汁 ― 100mℓ
しょうゆ ― 大さじ1
にんじん (細切り) ― 50g

錦糸卵

卵 ― 2個
塩 ― ひとつまみ
米油 ― 小さじ1

さばそぼろ

さば缶 (しょうゆ煮・缶汁ごと) ― 1缶 (190g)
砂糖、しょうゆ ― 各大さじ1

1 干ししいたけは、水につけ、ひと晩冷蔵庫に入れてもどす。軸を除き、かさは薄切りにし、もどし汁はとっておく。

2 【具材】小鍋に**1**、**A**を入れて中火にかけ、煮立ったら火を少し弱めて5分煮る。しょうゆを加え、煮汁が少なくなったらにんじんを入れ、さらに5分ほど煮る。にんじんに火が通ったら、火を少し強めて汁気をとばすように煮つめ、火を止めてそのまま冷ます。

3 【錦糸卵】ボウルに卵を割り入れて卵白をきるように混ぜ、塩を加えてよく混ぜる。フライパンを弱めの中火にかけて米油を温め、卵液の¼〜⅓量を入れて薄くのばし、菜箸で裏返してまな板に取り出す。残りの卵液も同様に焼いて薄焼き卵を3〜4枚作る。冷めたら細切りにする。

4 【さばそぼろ】フライパンにさばそぼろの材料を入れて中火にかけ、ほぐしながら汁気がなくなるまで3分ほど炒め、バットに移してそのまま冷ます。

5 【すし飯】ご飯にすし酢をかけてしゃもじで切るように混ぜる。粗熱がとれたら**2**、あればいりごま(白)小さじ1を混ぜる。

6 器に**5**を盛り、**3**、**4**を適量のせ、好みでみょうが甘酢(P20・小口切り)をのせ、いりごま(白)をふる。

MEMO

さばそぼろは、きりよく1缶で作り、残ったら、副菜、おつまみ、おべんとうのおかずに。さば缶はしょうゆ煮がおすすめ。

さばそぼろは、すし飯に行き渡りやすいように
細かくほぐします。汁気をとばしすぎると、
そぼろがパサついて塩辛くなるので、
汁気がなくなったらすぐに火を止め、バットに移します。

酢蓮

れんこんをゆでずにレンチンしたら、水っぽくならず、もちっとおいしく。

材料(作りやすい分量)と作り方
れんこん — 200g
関西風すし酢(P18) — 全量
赤唐辛子(輪切り) — 少々

1 れんこんは皮をピーラーでむき、ラップに包んで耐熱皿にのせ、電子レンジに5〜6分、竹串がスーッと通るまでかける。縦半分に切って7㎜幅の半月切りにする。

2 温かいうちに保存容器に入れてすし酢をかけ、赤唐辛子をちらして冷ます。

＊冷蔵で5日間保存可。

れんこんは
レンジ加熱で手軽に時短。
皮は、むいても
むかなくてもお好みで。

みょうが甘酢

華やかな作りおき。刻んで豆腐やご飯にのせたり、焼き魚に添えても。

材料(作りやすい分量)と作り方
みょうが — 6本
関西風すし酢(P18) — 全量

1 みょうがは熱湯で2分ほどゆでてペーパーにとって水気をとる。温かいうちに、すし酢に漬けて30分以上おく。

＊冷蔵で5日間保存可。

みょうがは、できれば
太ったハリのあるものを。
2分ゆでてから、
すし酢に漬けます。

千枚漬け

かぶは、ごく薄切りにすると、はかなげで上品。舌ざわりなめらか。

材料(作りやすい分量)と作り方
小かぶ — 2個(300g)
塩 — 小さじ1
関西風すし酢(P18) — 全量
赤唐辛子(輪切り) — 少々

1 かぶはスライサーで薄切りにして塩でもみ、5分ほどおいて出た水気をしぼる。

2 保存容器にすし酢に1、赤唐辛子を入れてあえる。

＊冷蔵で5日間保存可。

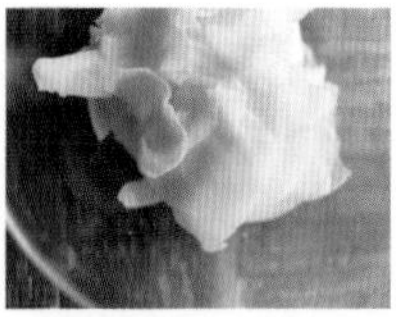

かぶはスライサーで削ると、
かんたん時短でごく薄切りになる
だけでなく、厚みが均一に。

紅白なます

箸休めから酒のあて、おせちからおべんとうまで、守備範囲が広くて重宝。

材料(作りやすい分量)と作り方
大根(細切り) — 300g
にんじん(細切り) — 30g
塩 — 小さじ1
関西風すし酢(P18) — 全量

1 ボウルに大根、にんじんを入れて塩をまぶして10分ほどおき、出た水気をしぼる。

2 すし酢で1をあえる。

＊冷蔵で5日間保存可。

大根10に対して
にんじん1の割合が
食感も色もよいバランス。

にんじんマリネ

すし酢＋オリーブオイルでビストロ風の一品に。クミンで手軽にワザありの香り使い。

材料（作りやすい分量）と作り方

にんじん ― 1本（150g）
関西風すし酢（P18） ― 全量
オリーブオイル ― 大さじ1
クミンシード ― 小さじ½

1 にんじんは皮をむいてスライサーでせん切りにし、すし酢、オリーブオイルであえる。

2 フライパンにクミンを入れて中火にかけ、さっと乾煎りする。器に1を盛り、クミンをふる。

＊冷蔵で3日間保存可。

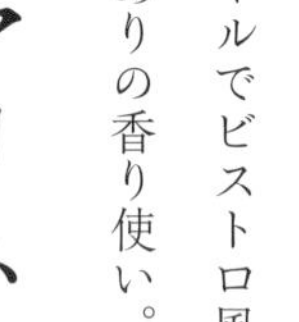

にんじんはごく細のせん切りにすれば、
あえる前の塩もみは不要です。
甘酢のなじみもよく、食感はシャキシャキ。

もずく酢

かんたんに作れて劇的においしくなる。もずくの香りも楽しめる。

材料（4～5人分）と作り方

もずく（塩蔵） ― 200g
加減酢（混ぜ合わせる）
関西風すし酢（P18） ― 全量
だし汁 ― 100㎖

1 もずくはざるに入れて洗って水気をきり、たっぷりの水につけて塩抜きをする。塩が抜けたらざるにあげ、水気をよくきる。

2 加減酢に1を加えてあえる。器に盛り、あれば柚子の皮をあしらう。

＊冷蔵で5日間保存可。
＊生もずく（味がついていないもの）で作る場合は、洗わずにそのままあえる。

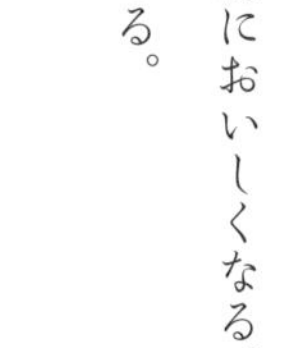

もずく用の加減酢は、
だし汁で割ると上品な味加減に。
これぞ！の味が家で楽しめます。

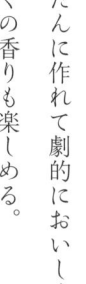

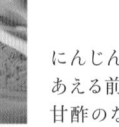

キャベツの炒めなます

根菜で作る炒めなますをキャベツでささっと。
食べやすい温製ザワークラウト風。

材料(2〜3人分)と作り方

キャベツ — 1/4個(350g)
米油 — 大さじ1
塩 — ふたつまみ
関西風すし酢(P18) — 全量

1 キャベツは軸のかたい部分を除き、1cm幅のざく切りにする。

2 フライパンに1を入れ、米油を回しかけて中火で熱し、塩をふって炒める。キャベツがしんなりとしたら、すし酢を加え、手早く全体にからめて火を止める。器に盛り、好みでつぶした黒こしょうをふり、溶き辛子を添える。

＊冷蔵で3日間保存可。

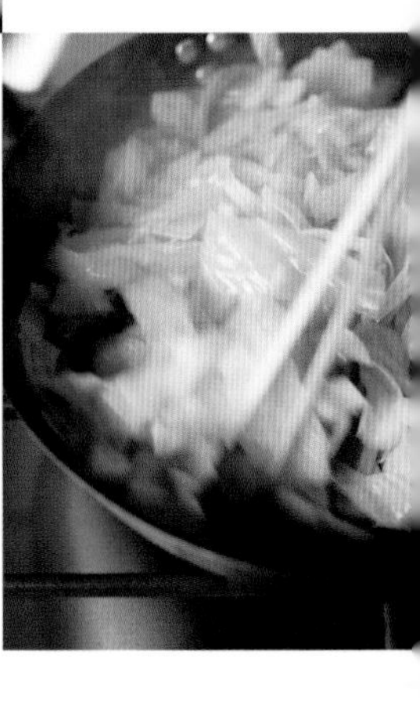

キャベツは炒めすぎないのがおいしい。すし酢をかけたら蒸気になって温度が上がるのですぐ火を止めて器に盛ります。

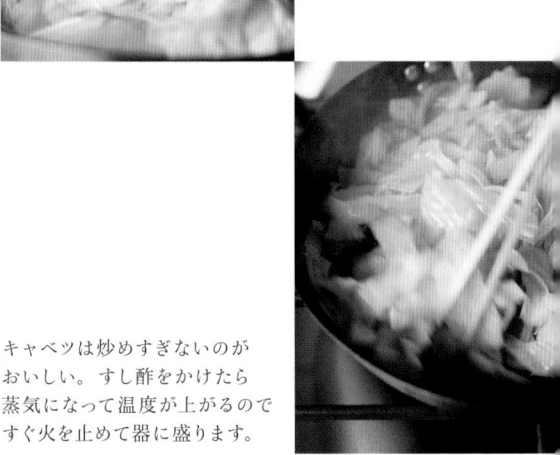

関東風すし酢

生の魚介を使ったおすしを引き立てる甘さ控えめのすし酢。さば、あじなどの青魚の酢じめも家で作りたくなります。

酢ー40㎖
砂糖ー大さじ1
塩ー小さじ$\frac{2}{3}$

＊混ぜて酢に砂糖、塩を溶かす

刺身用の鯛も塩ひとふりで、
うまみが凝縮して味がのります。
下味がついてすし飯との
なじみもよくなります。

鯛ちらし

ちらしずしはすし飯の味がおいしく決まれば、しめたもの。刺身と薬味で極上ずしに。

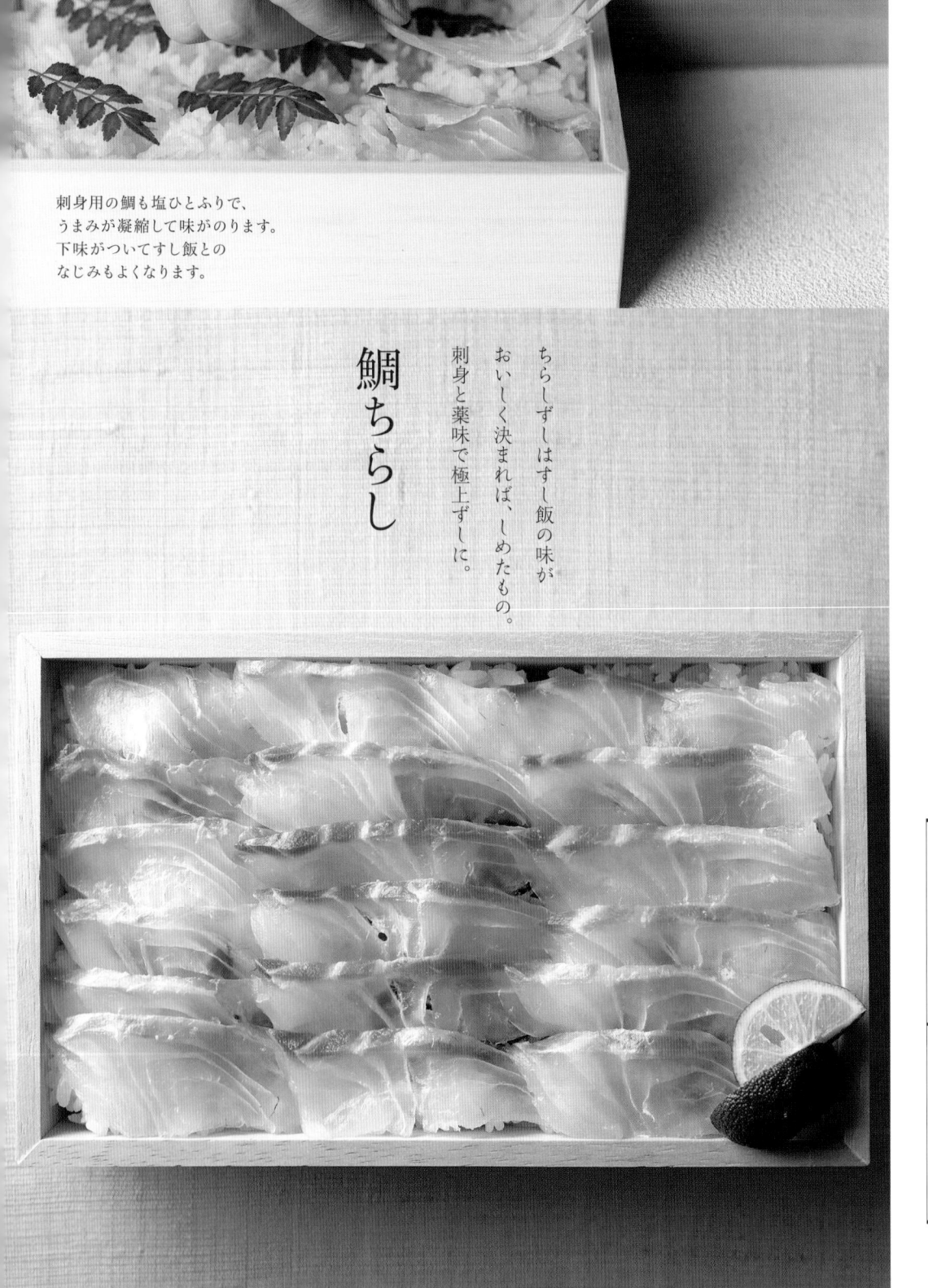

蛤ちらし

このおすしのためにつくだ煮を残したくなる気のきいた一品。しめにはもちろん、つまみにも。

すし飯は、ご飯1合分に対して
すし酢40㎖と
少し多めに合わせるから、
冷めてもご飯がしっとり。
すし飯は冷めるとかたまるので、
完全に冷める前に折箱に詰めます。

材料（2人分）と作り方

温かいご飯 — 1合分
関東風すし酢 — 全量
鯛（刺身用さく） — 120g
塩 — 少々
木の芽 — 適量

1 ご飯にすし酢をかけて切るように混ぜ、粗熱がとれたら器に盛り、そのまま冷ます。鯛は薄いそぎ切りにして塩をふる。

2 すし飯に木の芽をのせ、鯛を重ねる。好みですだちをしぼっていただく。

材料（2人分）と作り方

はまぐりのつくだ煮（市販品） — 30g
温かいご飯 — 1合分
関東風すし酢 — 全量
貝割れ菜（ざく切り）、
焼きのり（ちぎる） — 各適量

1 はまぐりのつくだ煮は細かく刻む。

2 ご飯にすし酢をかけて切るように混ぜ、粗熱がとれたら、1を混ぜる。すし飯が冷めたら器に盛り、貝割れ菜、のりをあしらう。

つくだ煮は味が濃いので細かく刻み、
すし飯全体に行き渡るように混ぜます。

鯖きずし

鮮度のよいさばで作ると、とびきりの味。
手作りは、時間とともに味の変化が楽しめます。

材料(2〜3人分)と作り方

さば(三枚におろして小骨を抜いたもの)
— 半身(約230g)
塩 — 小さじ2
関東風すし酢 (P24) — 全量

1 さば全体に塩をまぶし、冷蔵庫で5〜6時間ほどおく。

2 さばを水でさっと洗い、ペーパーで水気をふき、保存袋にすし酢とともに入れる。冷蔵庫で3時間以上おく。
＊漬け汁につけたまま冷蔵で5日間保存可。

3 保存袋から**2**を取り出して食べやすく切り、好みで紅白なます (P20)、青じそ、おろししょうがを添える。

すし酢に漬ける前に、さばにしっかり塩をすると
生臭みが抜け、うまみが引き出されます。
漬けるのは保存袋で手軽に。
バットで漬けるより、少ないすし酢でも
きちんと漬かります。

鯖きずしは、漬ける時間により、
それぞれの味が楽しめます。

・白くなるまで
刺身で。酢が入り、身がしまり、
噛んであふれるうまみ。

・白くなったら
あえものや焼き魚にして。

あじのエスカベッシュ

ビネガーではなく米酢だから、
酸味がまろやか。やさしい味。

材料(2人分)と作り方

あじ(三枚におろしてゼイゴと小骨を除く) — 80g
塩、こしょう — 各少々
小麦粉、溶き卵、パン粉、米油 — 各適量
A［玉ねぎ(薄切り) — 80g
　 紫玉ねぎ(薄切り) — 10g
関東風すし酢(P24) — 全量

1 あじは大きければ食べやすく切り、塩、こしょうをふり、小麦粉、溶き卵、パン粉の順に衣をつける。

2 フライパンに米油を高さ1～2cm入れて170℃に熱し、**1**を揚げる。表面がかたまってきたら、箸で上下を返しながらカリッと揚げ、油をきる。

3 保存容器に温かいうちに**2**を入れて**A**をのせ、すし酢をかけ、30分ほどおく。器に盛り、あれば細ねぎ(小口切り)をふる。

＊冷蔵で3日間保存可。

ほんのり温かいうちにすし酢をかけると、
衣にも玉ねぎにもよくしみ込みます。
細かいパン粉で揚げると軽やかに。

浅漬け酢

だしのきいたあっさり味の浅漬けの素。
甘さ控えめの淡いうまみで
生野菜がいくらでも食べられる味に。

酢—大さじ1½
うす口しょうゆ—大さじ½
砂糖、塩—各小さじ1
だし汁—100㎖

＊混ぜ合わせる

きゅうりの浅漬け

きゅうりは斜め薄切りにすると早く漬かり、
パリパリとフレッシュ感がひときわ。

材料(2〜3人分)と作り方
きゅうり(斜め薄切り) — 2本
しょうが(細切り) — 10g
浅漬け酢 — 全量

きゅうり、しょうがをボウルに入れる。浅漬け酢を加え、冷蔵庫に30分ほどおく。

＊冷蔵で5日間保存可。

保存袋で漬ける場合は、材料をすべて入れ、袋の上から手で軽くもむ。しんなりとしたら、空気を抜きながら袋の口を閉じ、冷蔵庫に30分ほどおく。

キャベツとにんじんの浅漬け

しんなりと食べやすい、手軽に作れる和のサラダ。合わせる料理を選びません。

材料(2〜3人分)と作り方

キャベツ(ざく切り) — 200g
にんじん(薄い短冊切り) — 20g
浅漬け酢 — 全量

保存袋に材料をすべて入れ、袋の上から手でもむ。しんなりとしたら、空気を抜きながら袋の口を閉じ、冷蔵庫に30分ほどおく。

*冷蔵で5日間保存可。

袋に入れてもむだけ。
キャベツは水分を吸いにくいので、
しんなりするまでしっかりもんで、味を入れます。

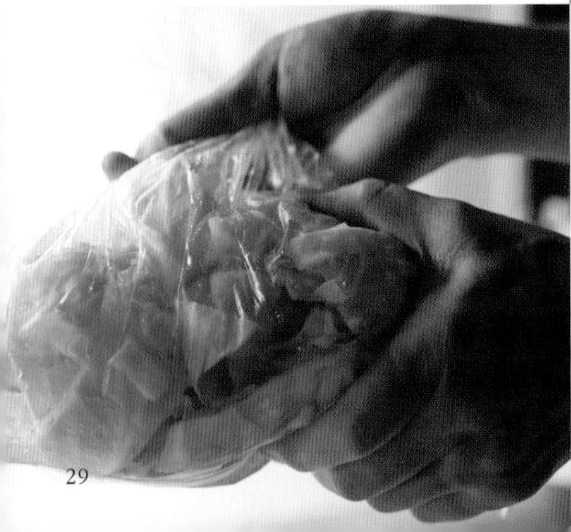

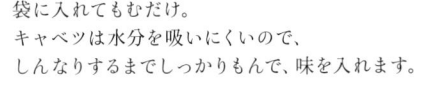

玉ねぎドレッシング

わが家の定番。玉ねぎ、米油の軽やかなコク。野菜はもちろん、魚介類にもよく合います。

酢、煮きりみりん（P8）、米油 — 各90㎖
おろし玉ねぎ — 大さじ3
塩 — 大さじ1

＊塩、酢、煮きりみりんを混ぜて塩を溶かしてから、玉ねぎ、米油を混ぜる
＊冷蔵で3週間保存可

ミニトマトのマリネ

ドレッシングでミニトマトの味にふくらみが出て、ひと味違う味わいに。

材料（作りやすい分量）と作り方

ミニトマト — 適量
玉ねぎドレッシング — 適量

1 小鍋に熱湯を沸かし、ミニトマトを入れて10秒ゆでて冷水にとり、皮をむく。

2 器に盛り、玉ねぎドレッシングをかけ、好みで粗びき黒こしょうをふる。すぐに食べても、少しおいてマリネにしても。

＊冷蔵で2日間保存可。

キウイとほたてはそれぞれなるべく薄く切ると
なじみがよくなり、よりおいしくなります。

キウイとほたてのカルパッチョ

切って盛るだけで華やか。キウイにほたてと、玉ねぎドレッシングは絶妙の相性。

材料（3〜4人分）と作り方

キウイフルーツ（薄い半月切り）── 1〜2個
ほたて貝柱（刺身用・薄い輪切り）
── 4〜5個（80g）
玉ねぎドレッシング ── 適量

器にキウイ、ほたてを交互に盛り、玉ねぎドレッシングをかける。好みで貝割れ菜を添えて、ラディッシュ（薄切り）をちらし、粗びき黒こしょうをふる。

ごま酢

家にある野菜がぐっとおいしくなるごま酢あえの素。油揚げや鶏ささみ、鶏むね肉にもよく合います。

酢 ― 50㎖
砂糖 ― 大さじ2
うす口しょうゆ ― 小さじ1
すりごま（白）― 大さじ3

＊混ぜ合わせる

きゅうりのごま酢あえ

おばんざいの定番が絶対においしく作れる幸せ。油揚げは焼いて香ばしく。

材料（3〜4人分）と作り方

きゅうり ― 3本
油揚げ ― 40g
塩 ― 小さじ1
ごま酢 ― 全量

1　きゅうりはスライサーで薄切りにし、塩をまぶして3分ほどおき、出た水気をしぼる。油揚げはフライパンでカリッと両面を中火で焼き、細切りにする。

2　1をごま酢でよくあえる。器に盛り、好みで粉山椒をふる。

＊冷蔵で3日間保存可。

油揚げは焼きすぎると
かたくなるので、さっと焼きます。

焼きささみとブロッコリーのごま酢あえ

あえもののささみは、ゆでるより焼くほうがおいしくて時短。
ブロッコリーは味がよくからむので、じつは和のあえもの向き。

材料（2〜3人分）と作り方

鶏ささみ ── 2本
塩 ── 少々
ブロッコリー ── ½株
ごま酢 ── 適量

1 ささみは厚みが半分になるように包丁で切り開いて塩をふり、フライパンに入れて中火にかける。ささみが7割がた白っぽくなったら上下を返し、30秒焼いて取り出す。粗熱がとれたら、筋をはずしながら、手でほぐす。

2 ブロッコリーは小房に切り分け、軸は皮を厚くむき、食べやすく切る。熱湯でゆでてざるにあげて湯をきる。

3 器に**1**、**2**を盛り合わせ、ごま酢をかけ、よく混ぜていただく。

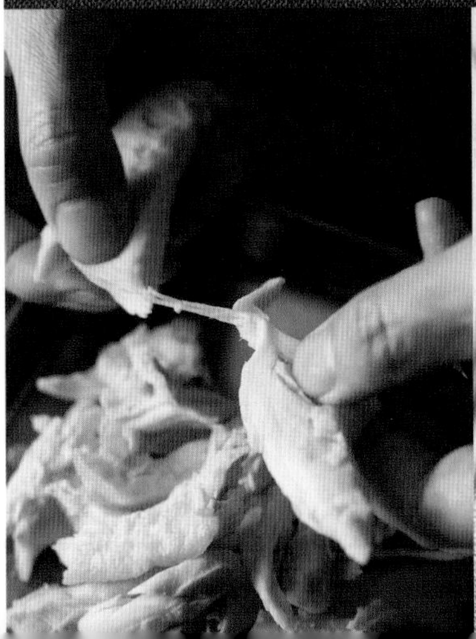

鶏ささみは、さっと焼くと
香ばしさがありつつ、しっとりと仕上がり、
水っぽくなりません。
ほぐす時に筋を除けば、生の身から筋を取るより、
ラクにきれいに取れます。

辛子漬け酢

少ない材料で、昔ながらの
甘くて辛い麹の辛子漬けの風味を
食べやすくした配合です。

砂糖 ― 大さじ2
しょうゆ ― 大さじ1
酢 ― 大さじ½
粉辛子 ― 小さじ1〜2

＊混ぜ合わせる

かぶの辛子漬け

かぶが食べごたえのある一品に。
ご飯もすすむパンチのある味。

材料（4〜5人分）と作り方

小かぶ（皮をむいて乱切り）
― 1個（150g）
かぶの葉（4cm長さに切る）
― 150g（葉がない場合は
小かぶ2個を使用）
塩 ― 小さじ1
酢 ― 大さじ½
辛子漬け酢 ― 全量

1 かぶ、かぶの葉はボウルに入れ、塩、酢をまぶして1時間ほどおき、出た水気をギュッとしぼる。

2 ボウルに1、辛子漬け酢を入れてよくあえる。ラップをかけ、冷蔵庫にひと晩おく。

＊冷蔵で5日間保存可。

＊保存袋で作る場合は、保存袋に1、辛子漬け酢を入れ、袋の上から手でしんなりするまでもむ。空気を抜きながら袋の口を閉じ、冷蔵庫で保存する。

かぶは味が入りにくいので、
下漬けしてから、
水気をしっかりしぼります。

なすの辛子漬け

漬けたての香り豊かなフレッシュ感も、
日ごとに馴れた深みも、それぞれうなる味。

材料（4〜5人分）と作り方

なす — 2〜3本（約300g）
塩 — 小さじ1
酢 — 大さじ½
辛子漬け酢 — 全量

1 なすはヘタを切り落としてピーラーで皮をしま目にむき、縦半分に切って5mm幅に切り、水に30分さらして水気をきる。ボウルに入れ、塩、酢をまぶして1時間ほどおき、出た水気をギュッとしぼる。

2 1に辛子漬け酢を入れてよくあえる。ラップをかけ、冷蔵庫にひと晩おく。

＊冷蔵で5日間保存可。

＊保存袋で作る場合は、保存袋に1、辛子漬け酢を入れ、袋の上から手でしんなりするまでもむ。空気を抜きながら袋の口を閉じ、冷蔵庫で保存する。

おろしぽん酢

大根－200g／りんご－100g
にんにく－1片／しょうゆ－150㎖
砂糖、好みの柑橘果汁－各大さじ3
酢－大さじ1／削り節－3g

牛しゃぶは焼くと、肉のうまみが
逃げにくく、牛肉の香りが
食欲をそそります。

とにかく肉に合う、これだけで
ご飯がすすむパンチのある味。
おろしたっぷりの〝食べるぽん酢〟。

＊大根、りんご、にんにくをおろしてから、残りの他の材料を加えて混ぜ合わせる
＊冷蔵で3週間保存可
＊柑橘果汁は柚子、すだち、レモンなど好みのもので。2～3種類混ぜてもおいしい

牛肉の焼きしゃぶ

牛肉は強めの火で何度も返さずさっと焼き、香りを立ててやわらかく。甘い脂とおろしぽん酢が溶け合い、たまらない味。

材料(2人分)と作り方

牛肉(すき焼き用) — 120g
かぼちゃ — 200g
長ねぎ — 2本
オリーブオイル — 大さじ1
おろしぽん酢 — 適量

1 かぼちゃは2cm幅に切って耐熱容器に入れ、水大さじ1〜2を全体にふってラップをし、電子レンジに竹串がスッーと通るまで3分ほどかける。

2 長ねぎは表面に細かい切り込みを入れて5cm長さに切る。フライパンにオリーブオイルを入れて中火で熱し、長ねぎを入れ、ふたをして焼く。途中上下を返し、全体に焼き色がついたら取り出す。フライパンを軽くふいて強めの中火で熱し、牛肉を広げて入れ、上下を返しながらさっと焼く。

3 器に**1**、**2**を盛り合わせ、おろしぽん酢をかける。

貝割れのおろしぽん酢マリネ

貝割れ菜が足りなくなるおいしさ。辛みが抜け、しんなりとして食べやすい。

材料(作りやすい分量)と作り方

貝割れ菜 — 2パック
おろしぽん酢 — 大さじ3〜4

貝割れ菜は根元を切り落としてボウルに入れ、おろしぽん酢をかけて上下を返し、冷蔵庫で1時間以上おく。ひと晩おいても。貝割れ菜がしんなりとしたら食べ頃。

＊冷蔵で3日間保存可。

鶏ももグリル焼き おろしぽん酢

ジューシーな鶏肉がおろしぽん酢でより肉感アップ。魅惑の味に。

魚焼きグリルは余分な脂が落ちて、
皮はパリッと香ばしく、身は
ジューシーに焼き上がります。

材料（2〜3人分）と作り方

鶏もも肉 ── 2枚（600g）
塩 ── 小さじ1
万願寺唐辛子 ── 2〜3本
おろしぽん酢（P36） ── 適量

1 鶏肉は全体に塩をまぶし、魚焼きグリル（両火）で約20分焼く。焼き上がり5〜6分前に万願寺唐辛子を入れ、一緒に焼く。

2 鶏肉をバットに取り出し、粗熱がとれて肉汁が落ちついてから、食べやすく切る。万願寺唐辛子は半分の長さに切る。ともに器に盛り、おろしぽん酢をかける。

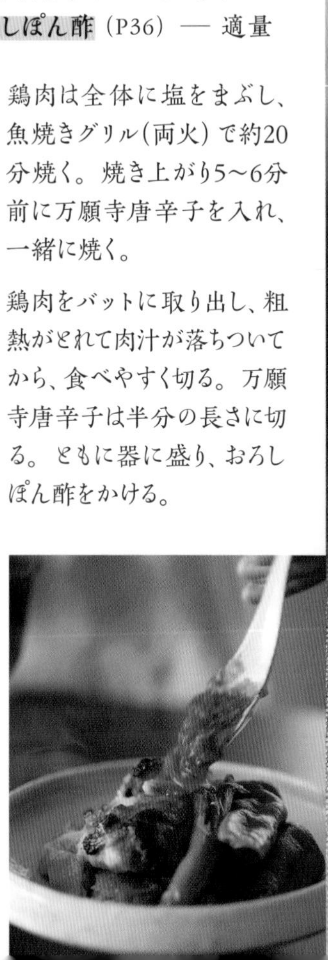

定番ぽん酢

生の柑橘の香りのよさは、
手作りしがいのある味わい。柑橘ごとに
季節感、フレッシュ感も楽しめる。

しょうゆ、煮きりみりん（P8）— 各100㎖
好みの柑橘果汁 — 60㎖
昆布（5㎝四方）— 1枚

＊混ぜ合わせる
＊冷蔵で1か月間保存可
＊柑橘果汁は柚子、すだち、レモンなど好みのもので。2～3種類混ぜてもおいしい

たらちり

いつもの具、いつもの水炊きが
ぽん酢の香りで、ぜいたくな味に。

材料(2人分)と作り方

たら — 2切れ(180g)
塩 — 小さじ¼
A［水 — 600mℓ
　 昆布(3㎝四方) — 1枚
白菜(ざく切り) — 300g
長ねぎ(斜め切り) — 1本
絹ごし豆腐 — ½丁(200g)
しいたけ — 2枚
定番ぽん酢(P39) — 適量

1 たらは全体に塩をふり、冷蔵庫で10分以上おき、水気をふく。骨は除き、半分に切る。豆腐は半分に切り、しいたけは石づきを除いて、半分に切る。

2 土鍋(または鍋)にA、白菜、長ねぎを入れて中火にかける。

3 別の鍋に湯を沸かし、たらを入れてさっと湯がいてざるにあげ、湯をきる(湯ぶり)。

＊鍋料理に入れると生臭さが出やすい、たらなどの魚介は、湯ぶりしてから土鍋に加えるとおいしくなります。

4 2の野菜が煮えたら、豆腐、しいたけ、たらを入れる。煮えたものから器にとる。ぽん酢をかけ、好みで青ねぎ(小口切り)、一味唐辛子をふる。

ほうれん草ごまぽん酢

ゆで野菜とぽん酢ですぐ一品。

ほうれん草は、ブロッコリーや
小松菜、青菜など
お好みの野菜でも。

材料(作りやすい分量)と作り方

ほうれん草 ── 1束
定番ぽん酢(P39)、削り節、
すりごま(白) ── 各適量

1 ほうれん草はゆでて水にさらして水気をしぼり、3cm幅に切る。

2 器に1を適量入れ、ぽん酢、削り節、すりごま(白)をかける。

牡蠣ぽん酢

牡蠣をぷりっと温めて
薬味とぽん酢で
旬のごちそうに。

牡蠣は身がぷりんとして
ひだに火が通った感じになったら、
すぐに引き上げ、ふっくらと。

材料(作りやすい分量)と作り方

鍋に熱湯を沸かし、牡蠣(加熱用)適量を入れる。ぷっくりとふくらんだらざるにあげ、湯をきる。器に盛り、好みで大根おろし、一味唐辛子、青ねぎ(小口切り)をのせ、ぽん酢(P39)をかける。

ケチャップ甘酢

牛こまは丸めて厚みを出し、
しっかり焼いて牛肉特有の香りを
引き出すとたまらないおいしさに。

あっさりと素材の味を生かす
大人味のケチャップ甘酢。
少しコクを足すなら、
水を中華スープに替えて。

水—100㎖／砂糖—大さじ1½
酢、しょうゆ、トマトケチャップ—各大さじ1
片栗粉—大さじ½

＊片栗粉が溶けるまでよく混ぜる
＊加熱途中に加える場合は、
入れる前に再度混ぜてから入れる

えびチリ

味つけに迷わないから、火を通しすぎることなく、あんはとろりと、えびはぷりっとやわらかく。

材料(2人分)と作り方

えび(殻つき) — 10尾(殻を除いた正味220g)

A ［しょうが(みじん切り)、にんにく(みじん切り)、豆板醤 — 各小さじ½

B ［長ねぎ(粗みじん切り)、玉ねぎ(粗みじん切り) — 各50g

ケチャップ甘酢 — 全量

片栗粉 — 大さじ2

ごま油 — 大さじ1

1 えびは下処理をする(P7)。

2 フライパンにごま油を中火で熱し、えびに片栗粉をまぶして焼く。両面がオレンジ色になったら、Aを加えて炒め、香りが立ったら、ケチャップ甘酢を再度混ぜてから加えて混ぜ、とろみがついたら火を止める。すぐにBを加えて全体にからめ、器に盛り、あればしし唐辛子(小口切り)をちらす。

えびは焼いている間にどんどん火が入り、かたくなるので、長く焼かないこと。外側がオレンジ色になったら香味野菜、ケチャップ甘酢を加え、手早く炒めます。

牛こま ケチャップ甘酢炒め

香ばしく焼いた牛肉にケチャップ甘酢が合いすぎる。新定番、間違いなし。

材料(2人分)と作り方

牛こま切れ肉 — 170g

塩、こしょう — 各少々

片栗粉 — 大さじ1

ごま油 — 大さじ½

ケチャップ甘酢 — 全量

レタス(細切り) — 適量

1 ボウルに牛肉を入れ、塩、こしょうをふり、片栗粉をまぶす。

2 フライパンにごま油を中火で熱し、1をだ円形に丸めながら入れて焼く。両面がこんがり焼けたら、余分な脂をペーパーでふき、ケチャップ甘酢を再度混ぜてから加えて混ぜ、とろみがついたら火を止める。器にレタス、牛肉を盛り、好みで粉山椒をふる。

鯛のから揚げ ケチャップ甘酢あん

この身のふんわり感は揚げてこそ。
魚の味がのるかくし味でよりおいしく。

材料(2人分)と作り方

鯛(骨なし) — 2切れ(180g)
塩 — 小さじ¼
おろしにんにく — 少々
片栗粉、米油 — 各適量
ケチャップ甘酢(P42) — 全量
さやいんげん — 適量

1 鯛は全体に塩をふって冷蔵庫で10分以上おき、水気をふく。小骨を除き、半分に切ってにんにくをまぶし、片栗粉を薄くまぶす。

2 フライパンに米油を高さ1〜2㎝入れて170℃に熱し、**1**を入れる。表面がかたまってきたら箸で返しながらカリッと揚げ、油をきる。さやいんげんは、ヘタを落としてさっと素揚げし、油をきる。

3 鍋にケチャップ甘酢の材料を入れ、混ぜて片栗粉を溶いてから中火にかけ、混ぜながらとろみをつけてあんを作る。器に**2**を盛り、あんをかける。

白身魚の揚げものは、魚に塩をふった後、
おろしにんにくをまぶして揚げると、
生臭みがとんでうまみがのり、
ぐんとおいしくなります。

みそでしみじみ。

みそは、味の奥行きを出してくれる調味料。
麹と大豆の発酵パワーで料理にうまみをぐんとのせることができます。
おみそ汁や、生もの以外の料理におみそを使う時のコツは、
ついつい塩辛くなりがちなので、甘めの味つけに。失敗なく味が決まります。
お砂糖やみりんを合わせますが、みりんは濃度を調整するのに便利です。
地方やお家によってお使いのみその種類が色々なので、
レシピのおみその分量は目安としてご覧になってくださいね。
いや、そんなこと既にご承知のことと思います。

／おみそれ／しました。

みそ汁の対比

飲むとほっとし、元気が出るみそ汁。
だし汁2カップに対して、代表的なみそ3種の量は左の通り。
みそを変えればまた、それぞれのおいしさが楽しめます。

赤みそ汁（2人分）
だし汁－2カップ
赤みそ－50～70g

信州みそ汁（2人分）
だし汁－2カップ
信州みそ－30～40g

西京白みそ汁（2人分）
だし汁－2カップ
西京白みそ－80～120g

赤みそ

熟成期間が長く、コクがあり、キリッとした味。赤みそで作るみそ汁は、味にパンチがあるので、夏場に合います。のり、あさり、魚のアラなど、魚介の具とも相性がいい。

信州みそ

食べやすいやさしいうまみと豊かな香りで、季節を問わず、おいしいみそ汁が楽しめます。ふだんのみそ汁は、9割がた信州みそで作っています。

西京白みそ

京都人になじみの深い西京白みそ。米麹の量が多くて塩分が少ないから、ほんのり甘く、他のみそとは異なるまろやかなうまみとコクが味わえます。西京白みそを煮る時には、弱火で5分ほどことこと煮ると、よりコクが出ておいしくなります。

＊みそは製造地方やメーカーによって塩分が変わるので、配合のグラム数は目安分量として、味見をしながら、わが家の配合を決めてください。

大根とお揚げさんのみそ汁

つゆがあふれる大根と、コクのある油揚げの組み合わせは、永遠の定番。〝煮えばな〟をどうぞ。

材料(2人分)と作り方

A
- 大根(短冊切り) ― 200g
- 油揚げ(短冊切り) ― 40g
- 大根の葉(小口切り) ― 少々
- だし汁 ― 2カップ

信州みそ ― 30〜40g

鍋にAを入れて煮立てて火を少し弱め、大根がやわらかくなるまで煮る。みそこしでみそを溶き入れ、ひと煮立ちしたら(煮えばな)、火を止める。

みそこしを使うと、
みそ汁の舌ざわりがなめらかに。

豆腐とお揚げさんの白みそ汁

弱火で5分煮て、からだの芯まで
温まるこっくりとした味に。
豆腐も汁も口当たりなめらか。

材料（2人分）と作り方

だし汁 ── 2カップ
白みそ ── 80〜120g
絹ごし豆腐（1cm角に切る） ── ½丁
油揚げ（1cm角に切る） ── 40g

鍋に白みそを入れ、だし汁を少しずつ加えながら泡立て器で混ぜて溶かす。中火にかけ、煮立ってきたら、豆腐、油揚げを入れ、ふつふつするくらいの弱火で5分ほど煮る。

MEMO

豆腐と油揚げは同じくらいの大きさに切ると、口に入った時においしく感じます。

お揚げさんと
のりの
赤みそ汁

のりの磯の香り、油揚げのコクを
きかせた余韻のある一杯。
軽く煮立たせ、
赤みその風味を引き立てます。

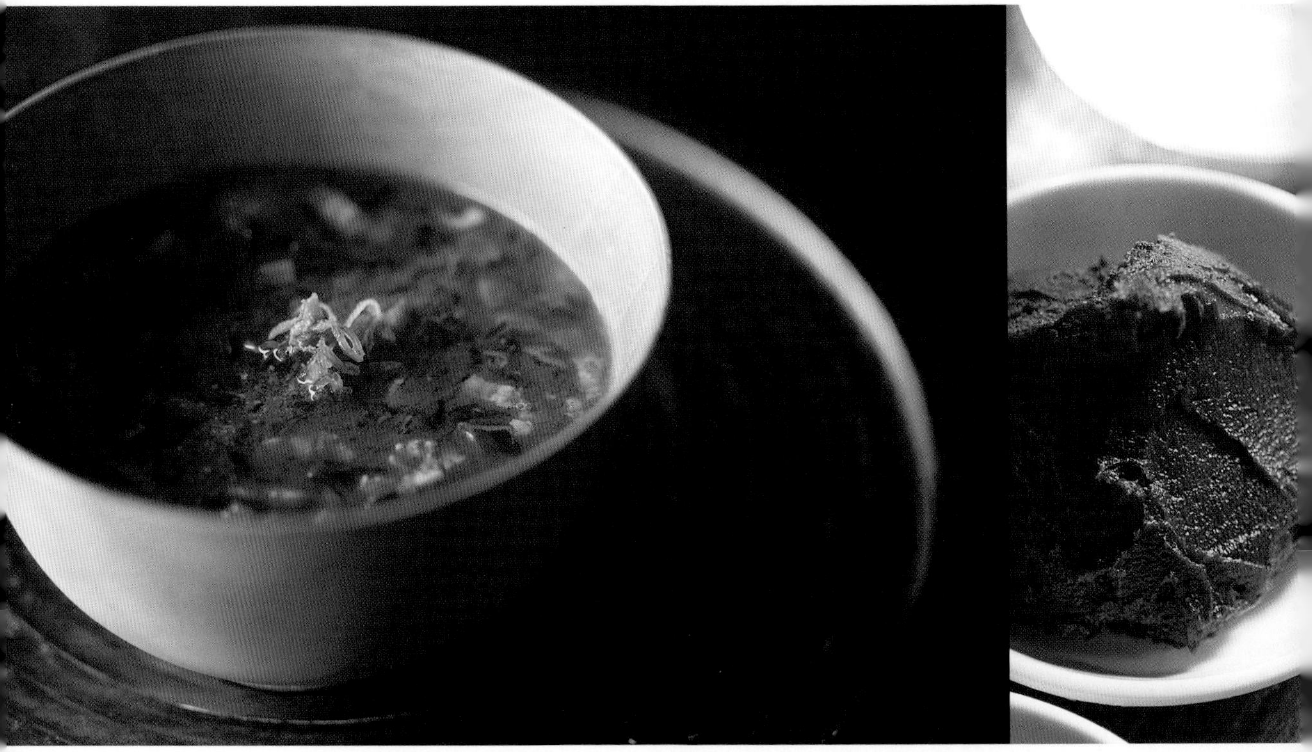

材料(2人分)と作り方

だし汁 — 2カップ
赤みそ — 50〜70g
油揚げ(粗みじん切り) — 40g
のり(ちぎる) — 大さじ3

鍋にだし汁を入れて中火にかけ、煮立ったら、赤みそを溶き入れる。油揚げを加え、ひと煮立ちしたら火を止め、のりを入れる。好みで青ねぎ(小口切り)をちらし、粉山椒をふる。

MEMO

海藻や魚介と合う赤みそ。のりは火を止めてから入れて香りを生かします。

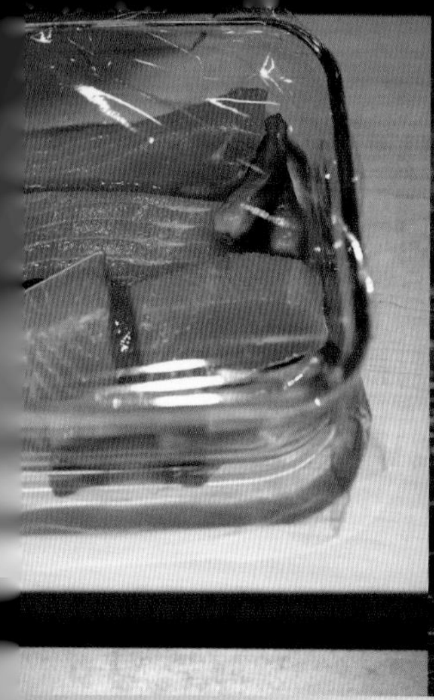

甘みそ

覚えやすい配合で汎用性バツグン。
だれもが好きなほんのり甘めの
まろやかなみそ味。

みそ－大さじ2
みりん－大さじ2
砂糖－大さじ1

＊混ぜ合わせる

鮭のレンチンみそ煮

とにかく手軽。これがレンジで！と驚かれる味。
切り身魚が煮るより、ふっくら。

材料(2人分)と作り方

生鮭 — 2切れ(180g)
塩 — 小さじ¼
しし唐辛子 — 6本
甘みそ — 全量

1 鮭は全体に塩をふり、冷蔵庫で10分以上おき、水気をふく。骨があれば除いて半分に切る。しし唐辛子はヘタを切り落とし、竹串で数か所刺す。

2 耐熱容器に甘みそを広げて1を入れ、ラップをして電子レンジに3分かける。鮭全体に甘みそをからめてしし唐辛子とともに器に盛り、好みでつぶした黒こしょうをふる。

MEMO
レンジ加熱後、鮭に火が通ってない場合は、さらに20秒ずつ様子をみながら加熱します。

なすのごまみそ煮

なすをとろりと焼いてから、だしをしっかり含ませてこのおいしさに。

材料(3〜4人分)と作り方

なす — 3〜4本(400g)
だし汁 — 100mℓ
ごまみそ(混ぜ合わせる)
甘みそ — 全量
すりごま(白) — 大さじ2
ごま油 — 大さじ2

1 なすはヘタを切り落として縦半分に切り、皮に細かく切り目を入れる。水に5分ほどさらして水気をふく。

2 フライパンにごま油大さじ1を中火で熱し、1の皮側を下にして入れ、ふたをして焼く。焼き色がついたら上下を返し、ごま油大さじ1を足し、ふたをして焼く。こんがりと焼き色がついてしんなりとしたら、だし汁を加えてふたをして3分ほど煮る。

3 2にごまみそを加えて全体にからめ、煮汁が少なくなり、とろりとするまで混ぜながら煮つめる。器に盛り、好みでおろししょうがをのせる。

MEMO
やさしい味に仕上げたい時は、途中で加える油を米油やごま油(白)に替えても。

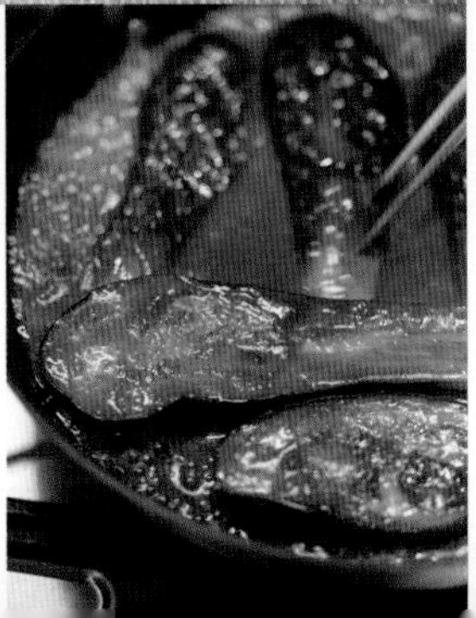

なすは意外に味がしみ込みにくいので、炒めてしんなりさせてから、だし汁で下煮して味を含ませます。

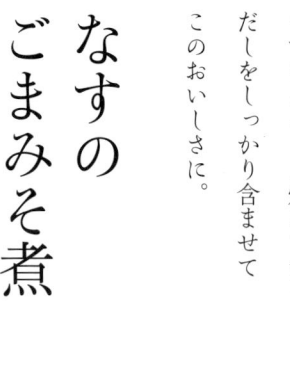

田楽みそ

田楽みそは白みそで作ると
どんな素材にも合うやさしい味に。
春は木の芽、冬は柚子など、
季節の香りをきかせても。

白みそ ― 70g
煮切りみりん（P8）、
練りごま（白）― 各大さじ1
砂糖 ― 大さじ½

＊混ぜ合わせる
＊冷蔵で2週間保存可

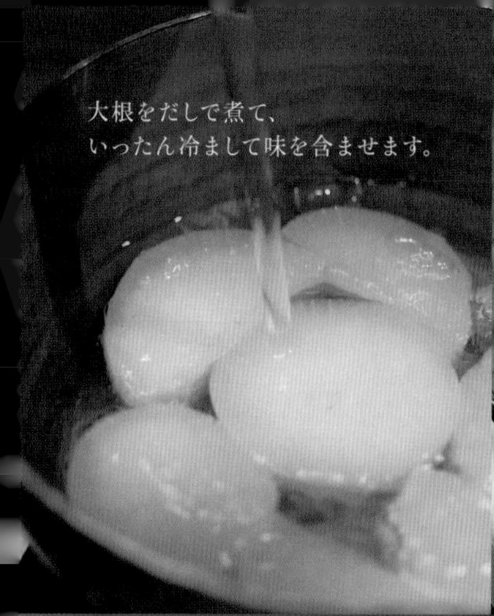

大根をだしで煮て、
いったん冷まして味を含ませます。

ふろふき大根

大根はレンジで時短する
ひとわざでジューシーに煮ます。
まろやかな田楽みそで大根の味を満喫。

材料（3～4人分）と作り方

大根 — 500g

A［だし汁 — 500mℓ
　 塩 — 小さじ½

田楽みそ — 全量

1　大根は皮をむいて3cm幅の輪切りにし、大きいものは半月切りにする。耐熱容器に入れて水大さじ1～2を全体にかけ、ふんわりとラップをし、電子レンジに10分ほど竹串がスーッと通るまでかける。

2　鍋に1、Aを入れ、中火にかける。煮立ったら5分ほど煮て火を止め、粗熱がとれるまでおく。器に盛り、田楽みそをかけ、あれば柚子の皮をすりおろしてかける。

里いものごまみそあえ

ほくほくねっとりとした里いもが
白みその麹の香りとコクで
よりおいしく。

材料（2～3人分）と作り方

里いも — 6個（220g）

田楽みそ — 全量

1　鍋に里いもとかぶるくらいの水を入れて中火にかけ、ふたをする。竹串がスーッと通るまでゆで、ざるにあげて湯をきり、皮をむく。

2　ボウルに1、田楽みそを入れ、スプーンでくずしながらあえる。器に盛り、あればいりごま（黒）をふる。

里いもをつぶしてねっとりさせると、
田楽みそとの一体感が出て
よりクリーミーに。

辛子酢みそ

辛子控えめ、ごまたっぷりの
コクうま系辛子酢みそ。
ご飯がすすむ、子どもも食べやすい味。

白みそ―大さじ3
すりごま（白）―大さじ1
砂糖、酢―各大さじ½
溶き辛子（P8）―小さじ¼～½

＊混ぜ合わせる

ねぎのてっぱい

九条ねぎ（青ねぎ）で作る定番の
おばんざい「てっぱい（ぬた）」。
ねぎが甘い、冬にぜひ。

九条ねぎは、細かく切らずにゆでる。
ゆでたら水にとらない。
水っぽくならず、よりおいしく仕上がります。

材料(4〜5人分)と作り方
九条ねぎ — 2本(100g)
油揚げ — 40g
辛子酢みそ — 全量

1 九条ねぎは青い部分と白い部分に切り分ける。

2 鍋に熱湯を沸かし、**1**の白い部分と油揚げを入れる。箸でざっと混ぜたら、ねぎの青い部分も加えて1分ほどゆでてざるにあげ、湯をきる。ねぎは斜め切りにし、油揚げは短冊に切る。それぞれペーパーで水気をとる。

3 **2**を辛子酢みそであえる。器に盛り、あればいりごま(白)をふる。

＊冷蔵で3日間保存可。

丁子麩の辛子酢みそあえ

とろりとして、のどごしつるり。
丁子麩には濃厚な辛子酢みそがよく合います。

材料(4〜5人分)と作り方
丁子麩(乾物) — 6個(20g)
きゅうり — 1本
塩 — 小さじ½
辛子酢みそ — 全量

1 丁子麩はたっぷりの水につけてもどし、水気をギュッとしぼって食べやすい大きさに手でちぎる。

2 きゅうりは縦半分に切って斜め薄切りにし、ボウルに入れて塩をふって10分ほどおき、出た水気をしぼる。

3 再度、水気をしぼった**1**、**2**を辛子酢みそであえる。

＊冷蔵で3日間保存可。

あえてから、きゅうりからも水分が出るので、
丁子麩の水分はしっかりしぼります。
ちぎった丁子麩はもっちり。
あえ衣の水分を吸ってとろりとします。

MEMO
・丁子麩 … 四角い焼き麩で滋賀県の特産品。
もちもちとした食感となめらかな舌ざわりが特徴。
・なければ、好みの麩でも。

なめろうみそ

みそ―大さじ1／しょうが（粗みじん切り）―5g
長ねぎ（白い部分・粗みじん切り）―10g
青じそ（粗みじん切り）―5枚分／いりごま（白）―小さじ1

＊食べる前に食材と
混ぜ合わせる

魚それぞれのクセを消しながら、
コクを添え、おいしく生かします。
たっぷりの薬味の香りと
食感が手作りの醍醐味。

かんぱちのなめろう

刺身で手軽になめろうを。みそのコクと
薬味の香りで、野趣あふれる一品に。

材料（２～３人分）と作り方
かんぱち（刺身用さく）── 80g
なめろうみそ ── 全量

かんぱちは細切りにし、なめろうみその材料をのせ、なめらかになるまで包丁でたたくように刻む。あれば青じそ1枚をしいて器に盛り、卵黄1個をのせ、混ぜながらいただく。

MEMO
かんぱちは、あじ、ぶり、サーモンの刺身でも。

アボカドみそワカモレ

クリーミーなアボカドとみそのコクで、日本酒にも白ワインにもイケる味。

アボカドはしっかりつぶすと、口当たりがなめらかに。

材料（作りやすい分量）と作り方
アボカド ── 1個
なめろうみそ ── 全量

アボカドは半分に切り、種を取って皮を除き、ボウルに入れてフォークの背でつぶす。なめろうみその材料を入れてよく混ぜる。好みでクラッカーにのせても。

ごまみそだれ

エキゾチックでパンチのある味。
ご飯、麺、豆腐、野菜に
かけるだけで、満足度の高い一品に。

みそ－大さじ3／すりごま（黒）－大さじ5
ごま油－大さじ4／オイスターソース－大さじ2
砂糖、コチュジャン－各大さじ1
おろしにんにく、おろししょうが－各少々

＊混ぜ合わせる
＊冷蔵で2週間保存可

黒ごまジャージャー麺

麺はゆでずにレンチンで手軽に。
黒ごまのコクで、
肉みそがなくても満足の味。

材料（1人分）と作り方

中華蒸し麺（焼きそば用）— 1玉
ごまみそだれ — 大さじ2
きゅうり（細切り）、
ピーナッツ（粗く刻む）— 各適量

麺を耐熱ボウルに入れてラップをし、電子レンジに2分かけ、ごまみそだれを加えてよく混ぜる。器に盛ってきゅうりをのせ、ピーナッツをかける。

ごまみそだれ豆腐

豆腐もごまみそも互いの
味を引き立てるコンビ。

材料（1人分）と作り方

絹ごし豆腐 — ¼丁（100g）
ごまみそだれ、
青ねぎ（小口切り）— 各適量

豆腐を耐熱容器に入れてラップをし、電子レンジに30秒ほどかけて軽く温め、器に盛る。ごまみそだれをかけ、青ねぎをのせる。

だしで手軽に料理を格上げ。

もうほんとうに、だしさえあれば和食はかんたん。
いつも私は「水だし」を使っていますが、まずはご自分の気に入った使いやすい昆布とかつお節を見つけることが肝心です。
家庭料理はちょっと濃いめのおだしのほうが味が決まりやすいと思います。
とはいえ私も普通にスーパーで売っている削り節を使っていますよ。
高いものすべてが自分に合うわけでもないし、安いほうが良いわけでもない。
価格と買いやすさと味。
だし素材は自分に合っていることが **大切だし！** と、いつも思います。

だしのひき方2種

毎日の料理に。忙しい日々に助かる「水だし」。
時間にゆとりがある日や、今日はおいしい料理を作るぞという日の「よそ行きだし」。
その日の気分でどちらでも。おいしい和食作りに重宝します。

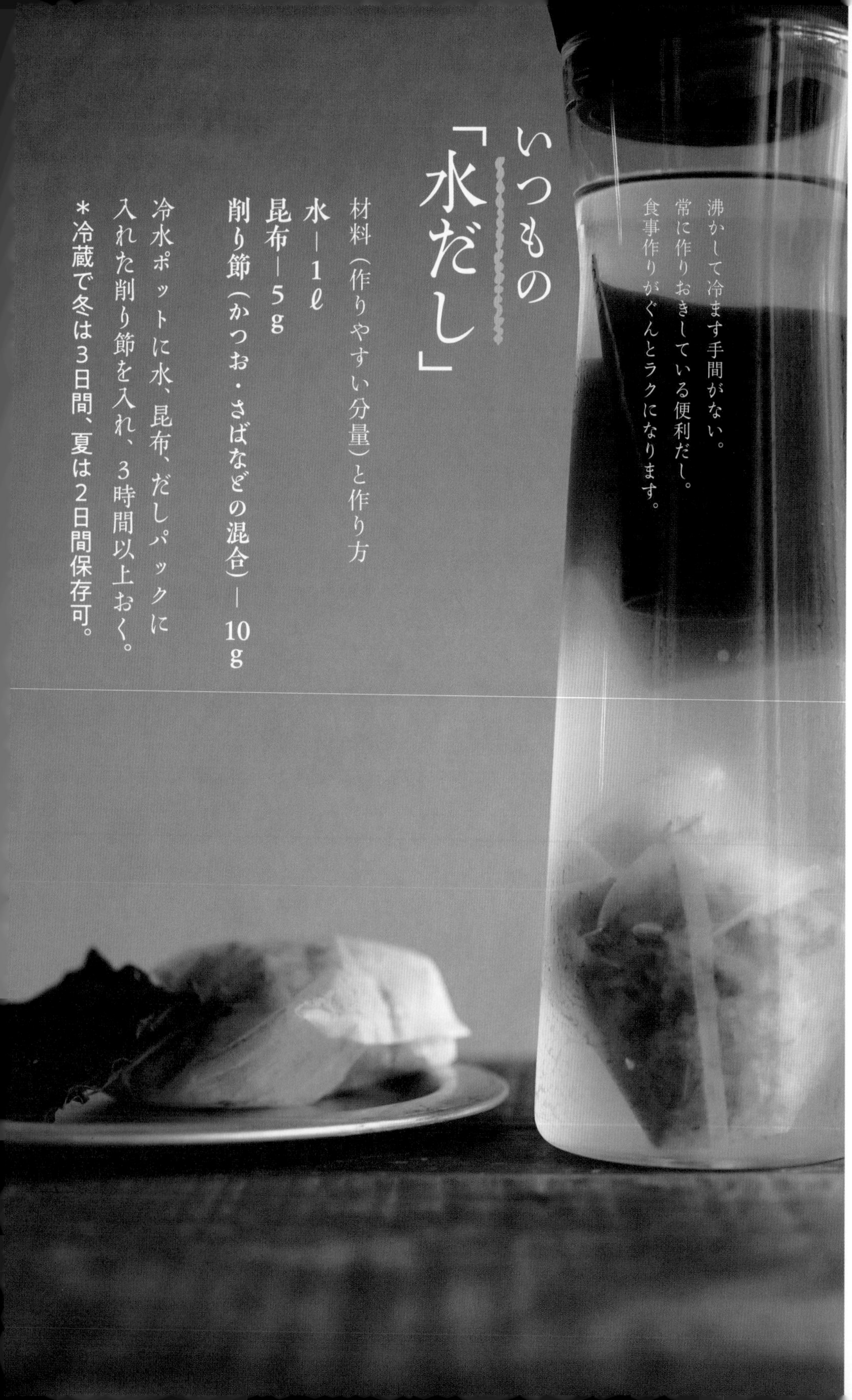

沸かして冷ます手間がない。
常に作りおきしている便利だし。
食事作りがぐんとラクになります。

いつもの「水だし」

材料（作りやすい分量）と作り方

水―1ℓ
昆布―5g
削り節（かつお・さばなどの混合）―10g

冷水ポットに水、昆布、だしパックに入れた削り節を入れ、3時間以上おく。

＊冷蔵で冬は3日間、夏は2日間保存可。

お椀ものなど、ここぞという料理に。
たまにおいしいだしを
ちゃんととるのが、気持ちいい。

ここぞ！の「よそ行きだし」

材料（作りやすい分量）

水—1ℓ
利尻昆布—10g
削り節（かつお本枯節）—10g

よそ行きだしの作り方

1 **昆布を煮る** 鍋に水、昆布を入れて弱火にかけ、沸かさないように30〜40分ほど煮る。気泡が出てきて煮立つ前に昆布を取り出す。

*昆布は味が出るのに時間がかかるので、ゆっくり温度を上げながら、うまみを引き出す。煮立てると、だし汁にぬめりと雑味が出るので、その前には引き上げる。

2 **さし水をする** 火を強め、沸いたらアクを軽くとり、水（お玉1杯分程度）を入れて温度を少し下げる。

*削り節から渋みが出ずにおいしくだしが出るのが90〜95℃。水を入れてその温度に近づけます。アクは軽くとる程度で。

3 **削り節を入れる** 削り節をふわっと入れ、箸でやさしくひと混ぜし、30秒ほどおいて火を止める。

*削り節によって味の出方が違うので、ここで味見。味が薄い場合は、少しおくか、少し火にかけて温度を上げる。渋みが出始めていたら、すぐにこす。

4 **こす** 厚手のキッチンペーパーをしいたざるでこす。こす時に削り節はしぼらない。

*ざるは間にキッチンペーパーをはさんで二重にすると、こす時にめくれなくて便利。こす時にしぼると渋み、えぐみ、生臭みが出る。

◎香りがとぶので、できれば当日に使いきる。

「1《いち》+1《いち》」煮汁

だし汁「1」カップ+うす口しょうゆ大さじ「1」の比率で具を煮る1+1煮。「たんぱく質食材（肉・魚介・豆腐・厚揚げ・油揚げ）」と野菜の2〜3素材を煮るだけで、だし感あふれる、おいしい和の煮ものがぐんと手軽に。

> だし汁—1カップ
> うす口しょうゆ—大さじ1

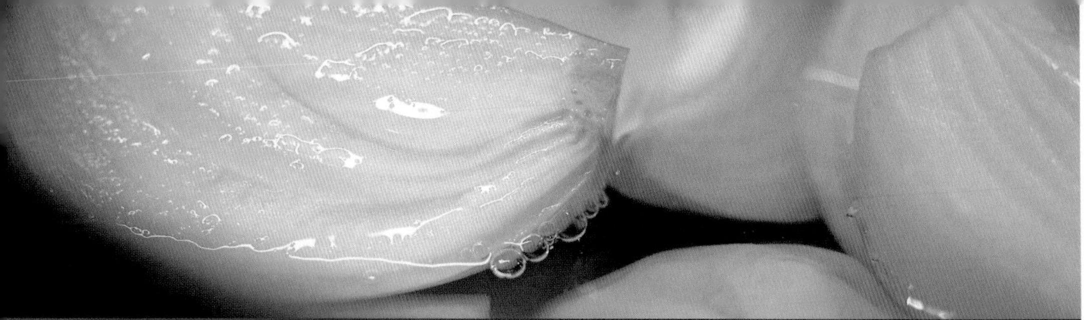

鶏じゃが玉

じゃがいもはとろりと煮ます。
何度でも食べたいおいしさに。
昆布かつおだしと鶏だしで
おなじみの肉と野菜が

1＋1煮は、かんたん時短で和食が手軽に

たった2つの具でも、この味つけでさっと煮るだけでおいしくなります。忙しい毎日に大助かり。

味つけは同じでも料理の味は違う1＋1煮。食卓に2〜3品並んでも同じ味つけとは気づかれません。

材料（2〜3人分）と作り方

鶏もも肉 ── 1枚（300g）
塩、こしょう ── 各少々
片栗粉 ── 大さじ1

A
- じゃがいも（半分に切る） ── 2個（300g）
- 玉ねぎ（6等分のくし形切り） ── 大1個（300g）
- 「1+1」煮汁 ── 2倍量

1 鶏肉は一口大のそぎ切りにし、塩、こしょうをふる。

2 鍋にAを入れて中火にかけ、ふたをして15〜20分煮る。じゃがいもに竹串がスーッと通ったら、1に片栗粉をまぶしてじゃがいもにのせ、ふたをして5分ほど、時々混ぜながら煮る。鶏肉に火が通り、じゃがいもが煮えたら火を止める。器に盛り、あれば細ねぎ（小口切り）とつぶした黒こしょうをふる。

肉や魚は煮すぎるとパサつくので、
野菜が煮えてから加え、
時間差で両方をおいしく煮ます。
鶏肉は片栗粉をまぶすと、
煮汁のからみがよくなり、ふっくら煮えます。

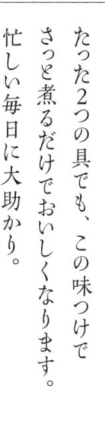

鯛かぶら

かぶは、形はくずさず、
とろりと煮て、煮汁と鯛のうまみを
たっぷり含ませます。

材料(2人分)と作り方

A
- かぶ(皮をむく) ── 小6〜7個(正味400g)
- **「1+1」煮汁** (P62) ── 2倍量

鯛 ── 2切れ(180g)
塩 ── 小さじ¼

1 鯛は骨があれば除き、全体に塩をまぶす。冷蔵庫で10分以上おいて水気をふき、皮に切り込みを入れる。

2 鍋に**A**を入れて中火にかけ、ふたをして10〜15分煮る。かぶに竹串がスーッと通ったら、**1**をのせてふたをし、3分ほど煮て火を止める。器に盛り、あれば木の芽をあしらう。

鯛は、かぶに9割がた火が通ったら
上にのせてふたをすると、蒸されてふんわり。
煮る間に鯛のうまみがかぶに移ります。

小松菜と厚揚げのさっと煮

お安い材料で、いつ食べてもおいしい組み合わせ。
厚揚げでボリューム感が出ます。

材料(2人分)と作り方

A
- 厚揚げ(一口大に切る) — 1〜2枚(160g)
- **「1+1」煮汁** (P62) — 全量

小松菜(5cm長さ) — 1束(200g)
ごま油 — 少々

1 鍋にAを入れて中火にかけ、煮立ったら1〜2分煮る。

2 小松菜を加え、しんなりとしたら火を止め、ごま油を加えて軽く混ぜ、そのまま冷ます。器に盛り、あればいりごま(白)をふる。

厚揚げを先に煮て、煮汁の味を含ませ、ふんわりさせます。

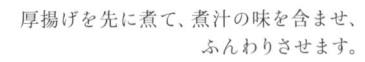

おひたし地

だしの風味を生かしながら、うす口しょうゆをきかせて、野菜やきのこの味を生かします。好みの香りを添えて、料理屋のおひたし風に。

だし汁 ― 100㎖
うす口しょうゆ ― 大さじ1

＊混ぜ合わせる

なめこのおひたし

のどごし、香りが際立つ食べ方。なめこを見直す味。

材料（作りやすい分量）と作り方

生なめこ ― 1パック

A（混ぜ合わせる）

- おひたし地 ― 全量
- 柚子果汁 ― 大さじ1

1 水を入れたボウルの上で、なめこを石づきを上にして逆さに持ち、キッチンばさみで石づきを切り、水になめこを落とす。さっと洗ってすくってざるにのせ、水気をきる。

2 なめこを10秒ほどゆでてざるにあげ、熱いうちに保存容器に入れた**A**に入れ、10分以上おく。器に盛り、あれば柚子の皮をあしらう。

＊Aにひたして冷蔵で3日間保存可。

なめこは逆さにして石づきを切り、水が入ったボウルで受けます。くずがちらかりません。

水菜の辛子びたし

水菜は味が入りにくいから、じつはおひたしに合う。
辛子の風味を添えて。

材料(2人分)と作り方

水菜 — ½束

A(混ぜ合わせる)

- おひたし地 — 全量
- 溶き辛子(P8) — 小さじ½

1 水菜はゆでて水にとり、水気をギュッとしぼる。保存容器に入れて**A**をかけ、30分ほどおく。

2 1を食べやすい長さに切って器に盛り、**A**をかける。好みで溶き辛子を添えても。

＊**A**にひたして冷蔵で3日間保存可。

ピーマンの焼きびたし

くたっと炒めると、
だしをよく吸い、おいしくなります。

材料(2人分)と作り方

ピーマン(緑・赤) — 計4個

米油(またはサラダ油) — 小さじ1

おひたし地 — 全量

1 ピーマンは縦半分に切り、種を除く。

2 フライパンに米油を中火で熱し、ピーマンを並べ、ふたをして焼く。時々上下を返し、全体に焼き目がついたら、おひたし地を入れる。ひと煮立ちしたら火を止め、そのまま冷ます。

＊冷蔵で3日間保存可。

吸い地

うす口しょうゆは香りづけ。
塩でだしの色を生かして
だしの風味を存分に味わいます。

だし汁（よそ行きだし）—2カップ
酒—小さじ1
うす口しょうゆ—小さじ½
塩—小さじ¼

＊お椀もののように、
だしの風味を味わう料理には、
よそ行きだしがおすすめ

えべっさんのお汁

商売繁盛の神様「えびす様」にちなんで
はんぺんを小判、青ねぎを笹に見立てて。

おいしいおだしで作る椀ものは格別。
この満足感は、他の料理では
味わえません。

材料(2〜3人分)と作り方

はんぺん（短冊切り）── 70g
青ねぎ（斜め薄切り）── 30g
吸い地 ── 全量

鍋に吸い地を入れて中火にかけ、煮立ったら、はんぺんを入れ、ひと煮立ちしたら青ねぎを加えて火を止める。

牡丹はも

京都の夏に欠かせない、はも。お椀仕立てで、ふっくらなめらか、身の甘みがおだしで引き立ちます。

材料(4人分)と作り方

はも（骨切り済みのもの）── ½尾
片栗粉 ── 適量
吸い地 ── 全量
しいたけ ── 4枚
水菜 ── 2〜3株
塩、練り梅 ── 各少々

1 しいたけは石づきを除き、魚焼きグリルにかさの内側を上にして並べ、塩をふって3分ほど焼く。水菜はさっとゆでて水にとり、水気をしぼる。湯はおいておく。

2 別の鍋に吸い地を入れ、煮立てて火を止める。お玉1杯分をボウルに取り分け、水菜をひたす。

3 食べやすい大きさに切ったはもの身の面にハケで薄く片栗粉をまぶす。1の熱湯を再び沸かし、はもを弱火で1分ほど煮て火を通し、ざるにあげて湯をきる。

4 2の吸い地を再び煮立ててはもを入れ、温まったら、お椀によそう。しいたけ、食べやすく切った水菜を添え、練り梅をのせ、好みですだち(薄切り)をあしらう。

くずの代わりに片栗粉で手軽に。
ハケを使うと、はもの細かい切り目の間にも
均等に薄くまぶすことができ、
口当たりがなめらかに。

うどんだし

甘みを入れずにだしの風味を立たせ、
うどんに味をしみ込ませるのがおいしい
しっかりめの味つけ。

だし汁－500㎖
うす口しょうゆ－大さじ1
塩－小さじ¼

刻み揚げうどん

おだしあふれる油揚げに
やわらか～いうどんを
たっぷりのだしで食べる幸せ。

うどんだし、うどん、油揚げは最初から
一緒に煮るから、うどんにだしがしっかり入り、
油揚げのコクでつゆもおいしくなります。

材料（1人分）と作り方

A
- うどんだし ― 全量
- ゆでうどん ― 1玉
- 油揚げ（短冊切り） ― 40g

青ねぎ（斜め薄切り） ― 適量

鍋にAを入れて中火にかける。煮立ったら2分ほど煮て、うどんがふっくらと煮えたら、青ねぎを加えてすぐに火を止め、器に盛る。

鶏卵うどん

あんにとろみがついてから、溶き卵を入れると、
卵がふわーっときれいに広がります。

材料（1人分）と作り方

A
- うどんだし ― 全量
- ゆでうどん ― 1玉

B（混ぜ合わせる）
- 片栗粉 ― 大さじ2
- だし汁 ― 大さじ3
- うす口しょうゆ ― 大さじ½

溶き卵 ― 1個分

1 鍋にAを入れて中火にかけ、煮立ったら2分ほど煮る。うどんがふっくらと煮えたら火を止め、器にうどんを盛る。

2 1の煮汁にBを加え、混ぜながら中火にかける。とろみがついてふつふつと沸いてきたら、溶き卵を回し入れる。卵がふんわりとしたら、うどんにかけ、好みでおろししょうがをのせる。

鶏卵うどんのあんのとろみはしっかりと。
煮汁が薄くならないように、片栗粉は
だし汁とうす口しょうゆで溶きます。

京風鴨南蛮そば

すっきりとしただしで
そばと鴨の風味が引き立ちます。

材料（1人分）と作り方

鴨ロース肉（スライス） — 50g
長ねぎ（白い部分・4cm長さ） — 4個
米油 — 小さじ1
塩 — 少々
そば（乾麺） — 1束
うどんだし（P70） — 全量

1 フライパンに米油を中火で熱し、長ねぎを焼く。片面が焼けたら上下を返し、塩をふった鴨肉を加えて焼く。鴨の片面が焼けたら上下を返して、さっと火を通して取り出す。

2 そばを袋の表示通りゆで、冷水で洗ってざるにあげ、水気をきる。

3 鍋にうどんだしを煮立てて2を入れ、そばが温まったら器に入れる。1をのせ、うどんだしを注ぎ、好みで粉山椒をふる。

鴨肉は、焼きすぎるとかたくなるので
片面をしっかり焼いて裏返したら、
さっと焼き、そばにのせます。

にゅうめん

にゅうめんは、のどごしのよさも味のうち。
ゆでたら、水で洗ってぬめりを取ります。

材料（2人分）と作り方

そうめん ― 2束
うどんだし（P70） ― 全量
うす口しょうゆ ― 小さじ1
好みのトッピング
かまぼこ（薄切り）、
ほうれん草（ゆでて3cm幅に切る）、
干ししいたけの甘煮（P98）
― 各適量

1 そうめんは袋の表示通りゆで、冷水で洗ってざるにあげ、水気をきる。

2 鍋にうどんだしを煮立て、1、うす口しょうゆを加え、そうめんが温まったら火を止める。器に盛り、好みのトッピングをのせる。

そうめんの水気でつゆが薄くなるので、
うす口しょうゆを少々。

めんつゆ

最小限の材料で作れる自慢のめんつゆ。
砂糖で甘みのエッジを立たせ、
うす口しょうゆで素材を引き立てます。

だし汁—90㎖
うす口しょうゆ—大さじ1½
砂糖—小さじ1

＊合わせてひと煮立ちさせて
火を止め、冷ます

ざるそば

そばつゆは、キリッと甘辛く。
手作りつゆで、いつものそばがひと味変わる。

材料(2人分)と作り方
そば(乾麺) — 2束
めんつゆ — 全量
好みの薬味
わさび、長ねぎ(小口切り) — 各適量

そばは袋の表示通りゆでて冷水で洗い、氷水でしっかりと冷やしてざるにあげて水気をきる。めんつゆにつけ、好みの薬味とともにいただく。

親子丼

揚げ玉を加え、卵はゆるゆるに火を通し、ふんわり仕上げが関西風です。

材料(1人分)と作り方
鶏もも肉 — 80g
玉ねぎ(薄切り) — 50g
めんつゆ — 全量
揚げ玉 — 大さじ2
溶き卵 — 2個分
温かいご飯 — 適量

1 鶏肉は小さめの一口大に切る。器にご飯を盛る。

2 小さめのフライパンに鶏肉、玉ねぎ、めんつゆを入れて中火にかける。鶏肉に火が通ったら、揚げ玉を加え、溶き卵をふちから回し入れ、ゆすりながら煮る。ふんわり半熟になったら、ご飯にのせる。あれば三つ葉をのせ、好みで粉山椒少々をふる。

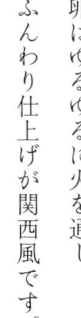

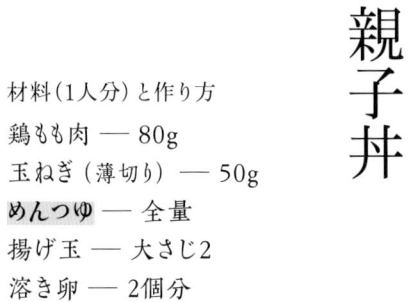

天つゆ

だし香る甘さ控えめの天つゆで、天ぷらをぜいたくに。みりんを煮きる手間なく、砂糖で手軽に作ります。

だし汁－90㎖
うす口しょうゆ－小さじ2
砂糖－小さじ½

＊小鍋に入れて中火でひと煮立ちさせ、火を止める

衣には卵を使わず、水と小麦粉を混ぜ、薄づきにすると、軽やかに揚がります。

天ぷら

天つゆが衣にしみた
熱々の天ぷらは、やっぱりごちそう。
しょうゆっ気がご飯に合います。

材料（2人分）と作り方

さつまいも、れんこん ― 各50g
さやいんげん ― 4〜6本
えび（殻つき） ― 6尾
青じそ ― 2枚
衣（軽く混ぜ合わせる）
　小麦粉 ― 30g
　水 ― 60mℓ
天つゆ ― 全量
小麦粉、米油、
　大根おろし ― 各適量

1 さつまいも、れんこんは皮つきのまま薄切りに、さやいんげんはヘタを切り落とす。

2 えびは下処理し(P7)、腹側に2か所切り込みを入れてまっすぐにのばす。

3 1に薄く小麦粉をまぶして衣にくぐらせ、170℃の米油でカリッと揚げる。青じそも小麦粉を薄くまぶし、片面だけ衣をつけて同様に揚げる。2も同様に揚げる。それぞれ油をきる。器に盛り、天つゆにつけていただく。好みで大根おろしを添える。

揚げだし豆腐

豆腐を大きく切って揚げれば、ステーキさながらのメインおかずに。

材料（2人分）と作り方

絹ごし豆腐 ― ½丁（200g）
片栗粉 ― 適量
米油 ― 適量
天つゆ ― 全量
好みの薬味
　大根おろし、一味唐辛子、
　　おろししょうが、青ねぎ（小口切り）
　― 各適量

1 豆腐はペーパーに包んで10分ほどおいて水気をきり、半分に切る。片栗粉を薄くまぶし、170℃の米油に入れる。表面がかたまってきたら上下を返しながらカリッと揚げ、油をきる。

2 器に1を盛り、天つゆをかけ、好みの薬味を添えていただく。

揚げだし豆腐は、衣の中の豆腐がなめらかなのがおいしいので、水切りは軽めに。揚げたてに天つゆをかけます。

銀あん

失敗なく味が決まる幸せ。
かたすぎず、ゆるすぎない
つややかでなめらかなとろみ。
覚えやすい配合です。

だし汁ー1カップ
片栗粉、うす口しょうゆ
ー各大さじ1

＊よく混ぜて片栗粉を溶かしてから、中火にかける。絶えず混ぜながら火にかけ、なめらかなとろみがついたら火を止める

ねぎオムレツ

手早く卵を混ぜてから
まとめると、生焼けにならず、
オムレツがふんわりと。

オムレツをふんわり焼くには、
卵はよく溶く。
火加減は強すぎず弱すぎず。卵液を入れたら、
手早くスクランブルエッグを作るように
混ぜ続けて空気を含ませながら
焼き、寄せてまとめてひっくり返す。

材料（1〜2人分）と作り方

卵 — 3個
青ねぎ（小口切り） — 大さじ3
塩 — ひとつまみ
米油 — 小さじ2
銀あん — 全量
おろししょうが — 少々

1 ボウルに卵を割り入れ、卵白をきるように混ぜ、青ねぎ、塩を加えてよく混ぜる。

2 フライパンに米油を弱めの中火で熱し、1を一気に流し入れる。箸で素早く全体をかき混ぜ続け、フライパンの底が見えてきたらヘラに持ちかえ、ふちに寄せて形をととのえる。器に盛り、熱々の銀あんをたっぷりかけ、しょうがをのせる。

さばのから揚げ野菜あんかけ

脂ののりが少ない小さなさばでも銀あんで見違えるおいしさに。

材料（2人分）と作り方

さば（三枚におろしたもの） — ½尾分（180g）
塩 — 小さじ¼
片栗粉、米油 — 各適量
銀あん — 全量
A ┌さつまいも（皮つきのまま7㎜角） — 30g
　│ピーマン（7㎜角）、玉ねぎ（7㎜角） — 各20g
　└しょうが（粗みじん切り） — 5g

1 さばは全体に塩をふり、冷蔵庫で10分以上おき、水気をふく。小骨があれば除き、一口大に切る。片栗粉を薄くまぶし、170℃の米油でカリッと揚げ、油をきる。

2 耐熱容器にAを入れてラップをし、電子レンジに1分かける。小鍋で銀あんを熱し、Aを加えて火を止める。

3 器に1を盛り、2をかけ、あればすだちを添える。

銀あんに刻んだ野菜を
レンチンして混ぜるだけで、
彩りよく栄養バランスもアップ。

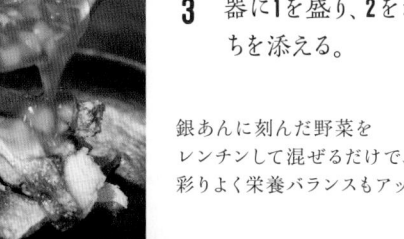

茶碗蒸し液

飲めるほどにゆるゆるの
だし感あふれる茶碗蒸し。
たとえて、卵のお吸いもの。

卵 ― 1個
だし汁 ― 1カップ
うす口しょうゆ ― 小さじ2

＊ボウルに卵を割り入れて溶き、だし汁、うす口しょうゆをよく混ぜ、ざるなどでこす

梅茶碗蒸し

蒸し時間1分。すくえるか、
すくえないかというなめらかさ。
ほんのり梅の酸味ですっきりおいしく。

材料(2人分)と作り方

梅干し(塩分10%程度) ― 1個
茶碗蒸し液 ― 全量

1　梅干しをちぎり、耐熱の器に等分に入れる。茶碗蒸し液を等分に流し入れ、アルミホイルでふたをする。

2　厚手の鍋に1を入れ、容器の高さの1/3まで熱湯を入れる。中火にかけてふたをし、1分したら火を止め、15分そのままおく。取り出して、あれば柚子の皮を添える。

MEMO
冷たい茶碗蒸し液で作る場合は、加熱時間を2～3分にします。

卵1個にだし汁1カップ、
うす口しょうゆで香りづけ。
余熱で火を入れ、ふるふるに。

だし巻き液

卵液に片栗粉を混ぜて
だしを逃しません。
ふわふわの焼きあがりに。

卵 — 3個
だし汁 — 100㎖
片栗粉、うす口しょうゆ
— 各小さじ2

＊計量カップにだし汁、片栗粉、うす口しょうゆを混ぜ合わせる
＊卵白をきるようによく混ぜた溶き卵に加えて混ぜ、片栗粉を溶かし、ざるでこす

だし巻き卵

熱々で、だしがあふれて
ひと口で幸せに。

材料（1本分）と作り方

だし巻き液 — 全量
米油 — 適量

1 卵焼き器を中火で熱し、コットンにしみ込ませた米油をたっぷりなじませる。だし巻き液を少量落とし、ジッと音がしたら、卵液を混ぜてから、¼量を流し入れる。半熟状になったら、奥から手前に巻く。

2 卵焼きを奥に寄せ、手前に米油をなじませ、残りの⅓量の卵液を流し入れて1と同様に焼く。あと2回くり返し焼く。器に盛り、あれば紅しょうが（薄切り）を添える。

＊だし巻き液は片栗粉が沈みやすいので、都度混ぜてから卵焼き器に流し入れる。

だし巻き卵をおいしく焼くには
油はたっぷりめに焼く。
火加減はキープしつつ、
さっさと作ること。

炊き込みご飯の味つけ

少しの砂糖でコクが出て
ご飯の味が深まります。

だし汁—1カップ
うすロしょうゆ—大さじ1
砂糖—小さじ1
塩—小さじ¼

五目炊き込みご飯

具を炒めて煮ると、
ご飯はぱらりと、コクが増し、
満足度がよりアップ。

具を炒めると、材料がしんなりして
ご飯になじみやすく、米一粒ひと粒に
コクが出ます。

材料(2人分)と作り方

ストック米 (P7) — 1合
干ししいたけ — 2枚
A［油揚げ — 60g
　ごぼう、にんじん — 各40g］
こんにゃく — 40g
砂糖 — 小さじ½
米油 — 小さじ1
B［炊き込みご飯の味つけ — 全量
　干ししいたけのもどし汁 — 大さじ1］

1 干ししいたけは水につけ、冷蔵庫にひと晩おいてもどし、軸を除いて薄切りにする。もどし汁はとっておく。**A**はそれぞれ細切りにする。こんにゃくは細切りにし、砂糖をまぶして手でもみ、2分ほどおいて洗い、水気をきる。

2 フライパンに米油を中火で熱し、**1**を炒める。油が全体にからんだら**B**を加え、煮立ったら1〜2分煮て火を止める。ボウルにのせたざるにあげ、粗熱をとる。煮汁はとっておく。

3 炊飯器に米、**2**の煮汁を入れる。炊飯器の1合の目盛りより気持ち控えめに水適量を注ぐ。具材をのせて普通に炊く。炊きあがったら、さっくりと混ぜて器に盛り、あればゆでたさやいんげん(斜め薄切り)をのせる。

鶏とにんじんの炊き込みご飯

鶏肉は細かく切らずに焼いて炊くから、うまみたっぷり。盛りつけもごちそう風。

材料(2人分)と作り方

ストック米 (P7) — 1合
鶏もも肉 — 小1枚 (250g)
炊き込みご飯の味つけ — 全量
にんじん (薄めの乱切り)
　— 100g
塩、こしょう — 各少々

1 鶏肉に塩、こしょうをふる。フライパンに鶏肉を皮を下にして入れ、中火で皮だけを色よく焼く。

2 炊飯器に米、炊き込みご飯の味つけを入れてひと混ぜする。にんじん、鶏肉を皮を上にしてのせ、普通に炊く。鶏肉を取り出してご飯をさっくりと混ぜて器に盛る。鶏肉は食べやすく切ってご飯にのせる。好みで粉山椒をふる。

鶏肉は炊飯時に火が通るので、
皮側に焼き目をつけるだけでよい。

Column

炊き込みご飯の味つけ（塩味）

えんどう豆・グリンピースなどの春豆類、枝豆、さつまいも、かぼちゃは塩味で。具の風味と色鮮やかさが引き立ちます。

水 — 1カップ
塩 — 小さじ½
酒 — 小さじ1

*米に順に加え、具を入れる前にひと混ぜする
*酒は入れなくてもいいが、入れるとご飯がつやっとする

さつまいもの炊き込みご飯

さつまいもは皮つきで鮮やかに。ほったらかしで、ほくほく甘く。

材料（2人分）と作り方

ストック米（P7）— 1合
炊き込みご飯の味つけ（塩味）— 全量
さつまいも（皮つきのまま3cm角）— 150g

1 鍋に米、炊き込みご飯の味つけ（塩味）を入れてひと混ぜし、さつまいもを入れて中火にかける。

2 沸いたら鍋底を箸でこすり、ふたをして火を少し弱め、10分炊く。火を止めて10分蒸らして底からざっくりと混ぜる。器に盛り、好みでいりごま（黒）をふる。

MEMO

さつまいもは混ぜる時にくずれて小さくなるので、大きめに切ります。炊飯器で普通に炊いても。

ご飯がすすむしょうゆ味。

しょうゆは偉大です。
しょうゆが世に登場してから日本人の食卓はとても豊かになりました。
みんな大好きなまぐろもしょうゆができるまでは人気がなかったのですが、
しょうゆの魚臭さを抑える効果がまぐろを一気に人気者にしてくれました。
手軽に使えて、うまみも豊富。どんな料理もうまくまとめてくれます。
甘辛い味はご飯にもお酒にも合いますよね。私たちの味覚のルーツ。
しょうゆテクニックが身につけば自然とお料理上手になる。
＼しょうゆう／（そういう）ことです。

照り焼きだれ

みりん、うす口しょうゆは1：1。
まろやかでキレがいい甘辛味。
鶏肉、豚肉、根菜の風味を生かします。

みりん— 大さじ1
うす口しょうゆ— 大さじ1

*みりん、うす口しょうゆを
順に鍋に入れる

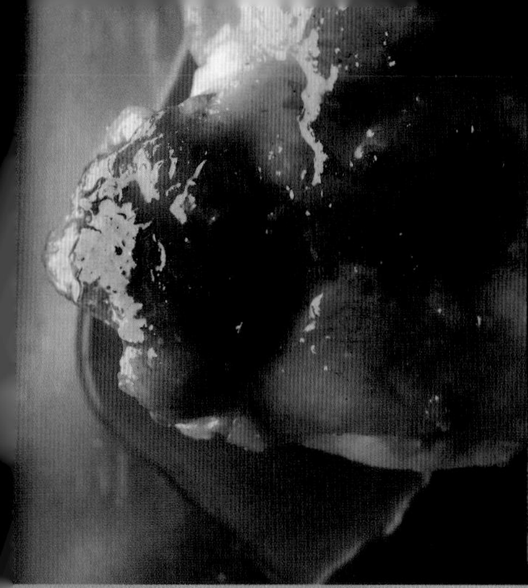

鶏の照り焼き

この焼き方で、
鶏肉がジューシーに。
たれをからめる間に、
ふんわり火が通ります。

材料(1〜2人分)と作り方

鶏もも肉 — 1枚(300g)
塩、こしょう — 各少々
照り焼きだれ — 2倍量
三つ葉 — ½束

1 鶏肉に塩、こしょうをふる。

2 フライパンに1を皮を下にして入れて中火で熱し、ふたをして4分ほど焼く。8割がた火が通ったら上下を返し、再度ふたをして4分ほど焼く。照り焼きだれを加えて全体にからめる。上下を時々返しながら、たれがとろりとするまで煮つめ、鶏肉をバットに取り出す。

3 鶏肉の粗熱がとれたら食べやすく切り、器に盛る。2のたれに三つ葉を入れ、さっと炒めて鶏肉にたれをかけ、三つ葉をのせ、好みで溶き辛子を添える。

MEMO
鶏肉は粗熱をとってから切ると、肉汁が落ちついて流れ出にくく、ジューシーに。

豚肉のしょうが焼き

しょうがは火を止めてから混ぜて、香りを生かします。味わい軽やかに。

材料(1人分)と作り方

豚ロース肉(しょうが焼き用) — 3枚(150g)
片栗粉 — 適量
ごま油 — 大さじ½
照り焼きだれ — 全量
おろししょうが — 大さじ½

1 豚肉に片栗粉を薄くまぶす。

2 フライパンにごま油を中火で熱し、豚肉を広げて入れる。両面を焼き、火が通ったら、照り焼きだれを加えて煮つめながら、たれをからめる。

3 火を止め、しょうがを加えて混ぜる。器に盛り、あれば蒸しキャベツ適量*を添える。

＊蒸しキャベツ … キャベツ(ざく切り)適量を耐熱容器に入れてラップをし、好みの火通りになるまで、電子レンジにかける。

豚肉は軽く焼き色がつき、
8割がた火が通ったら上下を返します。
片栗粉をまぶすと、たれが
からみやすくなります。

すき焼きだれ

砂糖、しょうゆは1：1。
牛肉のクセを消し、肉のうまみ、脂の甘みを生かす黄金配合。

砂糖 ─ 大さじ1
しょうゆ ─ 大さじ1

＊牛肉に砂糖、しょうゆを順にかける

牛すき焼き

じつは香りのある葉野菜がいさぎよく1種あれば、すき焼きは手軽に。

材料（1人分）と作り方

牛肉（すき焼き用）── 100g
春菊（ざく切り）── 50g
牛脂 ── 適量
すき焼きだれ ── 全量

1 鉄鍋（またはフライパン）を中火にかけ、牛脂を全体になじませる。

2 牛肉を広げて入れ、すき焼きだれをかけてさっとからめる。牛肉の色が変わったら、春菊を加えて全体にたれをからめ、10秒くらいで火を止める。

MEMO
春菊の代わりに、せりや長ねぎでも。

牛肉はふわっと余熱で火を通すくらいに煮てやわらかく。煮すぎるとかたくなるので注意。

豚すきだれ

牛肉ほど風味が強くない豚肉や鶏肉は、
うす口しょうゆですき焼きに。
食べやすいまろやかな甘辛味。

砂糖 ― 大さじ1 うす口しょうゆ ― 大さじ2
＊豚肉に砂糖、 うす口しょうゆを 順にかける

豚すき焼き

豚肉のうまみを吸った
とろりと甘い玉ねぎが
たまらない。

材料（2人分）と作り方

A
- 豚肩ロース切り落とし肉 ― 150g
- 玉ねぎ（1cm幅） ― 150g
- ピーマン（緑・赤、細切り） ― 2個

豚すきだれ ― 全量

1　フライパンにAを入れて中火にかけ、豚すきだれをすぐに回しかけ、上下を返しながら全体にからめる。豚肉に火が通り、玉ねぎがしんなりとしたら火を止める。あれば実山椒（P8）をちらす。

しっかり炒めた玉ねぎから出る
たっぷりの甘い汁が調味料代わりに
ふくよかな味。

焼き肉だれ

たった4種の材料で
まさに焼き肉のたれ。
食べたい時にさっと。

砂糖、しょうゆ ― 各大さじ1½
ごま油 ― 大さじ½
おろしにんにく ― 小さじ½

＊混ぜ合わせる

焼き肉

牛肉は少し強めの火で動かさずに、
しっかり焼き目をつけてさっと焼く。
これがおいしい。

一度にフライパンに入れる肉の量は
⅔くらいまでにし、牛肉を返すのは1回だけで
しっかり焼き色をつけてさっと焼きます。

材料（1〜2人分）と作り方

牛肉（焼き肉用）── 120g
焼き肉だれ ── 全量
細ねぎ（5cm長さ）── 適量

1 牛肉に焼き肉だれをかけて手でもみ込み、よくなじませる。

2 フライパンを強めの中火で熱し、牛肉を広げて入れる。焼き目がつくくらいまで焼けたら上下を返し、もう片面も同様に焼く。

3 器にねぎをしいて2をのせ、好みでいりごま（白）や粉唐辛子（韓国産・中びき）をふる。

MEMO
牛肉はたれをもみ込み、水分を吸わせてから焼くとやわらか。赤身肉は特に。

ぶりの照り焼き

にんにくの風味で
青魚が新鮮なおいしさに。

材料（2人分）と作り方

ぶり ── 2切れ（180g）
塩 ── 小さじ¼
小麦粉 ── 適量
ごま油 ── 小さじ2
しし唐辛子 ── 2本
焼き肉だれ ── 全量

1 ぶりは全体に塩をふり、冷蔵庫に10分以上おき、水気をふく。しし唐辛子はヘタを切り落とし、竹串で数か所を刺す。

2 フライパンにごま油を中火で熱し、小麦粉を薄くまぶしたぶりを入れ、ふたをして焼く。片面が焼けたら上下を返し、しし唐辛子を加えてふたをする。ぶりがふっくらと焼けてきたら、出てきた余分な脂をペーパーでふき、焼き肉だれを加えてからめる。

焼き肉たれは青魚と相性がいい。
子どもも好む味。肉のような満足感。

湯豆腐だれ

削り節のうまみ、
刻みねぎの香りがきいて
湯豆腐がパンチのある味に。

しょうゆ — 100ml
みりん、酒 — 各40ml
長ねぎ(みじん切り) — 30g
削り節 — 3g

＊小鍋にしょうゆ、みりん、酒を入れて煮立て、長ねぎ、削り節を入れて火を止め、そのまま冷ます

あっさりしている湯豆腐のたれに対して、
このたれは具だくさんの
“食べるたれ”風。
ご飯や野菜にかけても。

湯豆腐

このたれをかけると
湯豆腐がおかずに。

材料(2人分)と作り方

A
- 水 — 600ml
- 昆布(3cm四方) — 1枚
- 絹ごし豆腐 — ½丁(200g)
- 生くず切り、長ねぎ(斜め薄切り) — 各適量

湯豆腐だれ — 適量

1 豆腐は半分に切る。くず切りはざるにのせ、さっと洗って水気をきる。

2 土鍋(または鍋)にAを入れて中火にかける。煮えたら、器に取り分け、湯豆腐だれをかけていただく。

づけだれ

青魚や脂ののった刺身を引き立てるコクのある甘めのたれ。魚の脂がきれてさっぱり。

刺身100gに
砂糖 ― 大さじ1
しょうゆ ― 大さじ1

＊混ぜ合わせる

サーモン丼

サーモンはづけ向き。次の日まで漬けておいても。

材料(2人分)と作り方

サーモン(刺身) ― 100g
づけだれ ― 全量
アボカド(薄切り) ― 8〜10切れ
温かいご飯、焼きのり、
　練りわさび ― 各適量

1 サーモンをバットに並べてづけだれをかけ、冷蔵庫に10分ほどおく。

2 器にご飯を盛り、アボカド、1のサーモンを交互に盛り、のりを盛り合わせ、わさびをのせる。

ぶりのてこねずし

青魚のづけずしは、薬味も合わせてさわやかに。

材料(2人分)と作り方

温かいご飯 ― 1合分
関西風すし酢(P18) ― 全量
ぶり(刺身) ― 200g
づけだれ ― 2倍量
A［青じそ(細切り) ― 5枚分
　 いりごま(白) ― 小さじ2

1 ご飯にすし酢をかけて切るように混ぜ、粗熱をとる。

2 ぶりにづけだれをからめ、冷蔵庫に10分ほどおく。

3 2を仕上げ用に少し取り分け、1に残りのぶり、Aを入れて混ぜる。器に盛り、あれば青じそを添え、取り分けたぶりをのせ、好みでいりごま(白)をふる。

MEMO
ぶりの代わりにかつおやまぐろなどでも。濃いめの味が好みの方は、づけだれごと入れても。

煮魚煮汁

魚のあら炊きや青魚の煮魚用の
キリッとした甘辛の煮汁。
さっと煮ても濃厚に味が決まる配合。

酒 ― 100㎖
砂糖、しょうゆ ― 各大さじ3
しょうが（薄切り） ― 10g

＊鍋中で合わせ、
煮立ててから魚を入れる

鯛のあら炊き

「あぶくで煮る」のが、
あら炊きの極意。
身に味をしみ込ませず、
ふんわりほろりと煮た
魚は驚きのおいしさ。
一緒に煮たごぼうの味もとびきり。

材料(作りやすい分量)と作り方

鯛のあら — 約450g
塩 — 小さじ2
ごぼう — 1本(100g)
煮魚煮汁 — 全量

1 鯛のあらの全体に塩をまぶしてざるに入れ、5分おいてたっぷりの熱湯をかける。うろこを落としながら水で洗い、水気をきる。ごぼうは5cm長さに切り、太ければ縦半分に切る。

2 鍋に煮魚煮汁を入れて中火にかけ、煮立ったら1を入れ、落としぶたをする。強めの中火で泡を立たせ続けながら6〜7分煮る。途中、焦げつきそうなら、酒(分量外)を足す。煮汁が減ってきたら落としぶたをはずし、スプーンで煮汁をかけながら、ほぼ煮汁がなくなるまで2〜3分煮て火を止める。器に盛り、あれば木の芽をあしらう。

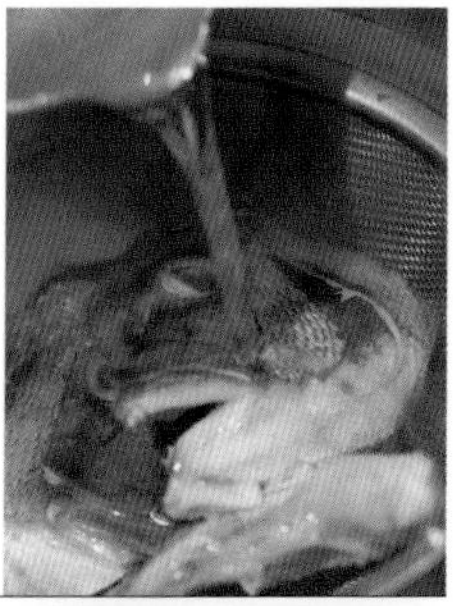

湯ぶり
熱湯をかけると
魚の表面の汚れや生臭みが落ち、
うろこが立ってくる。

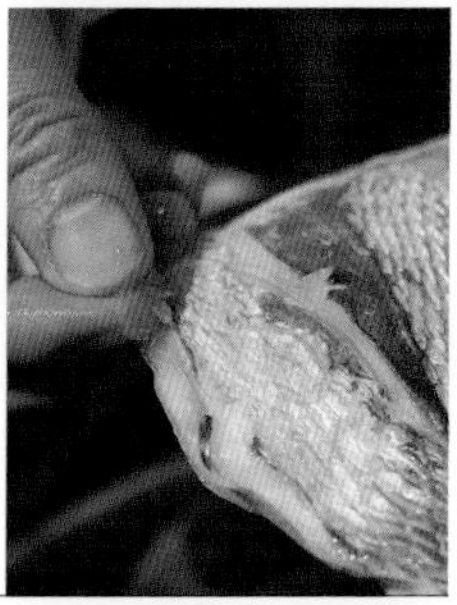

うろこ取り・水洗い
流水にあてながら、指で表面をなぞり、
気になるうろこやぬめりを取る。

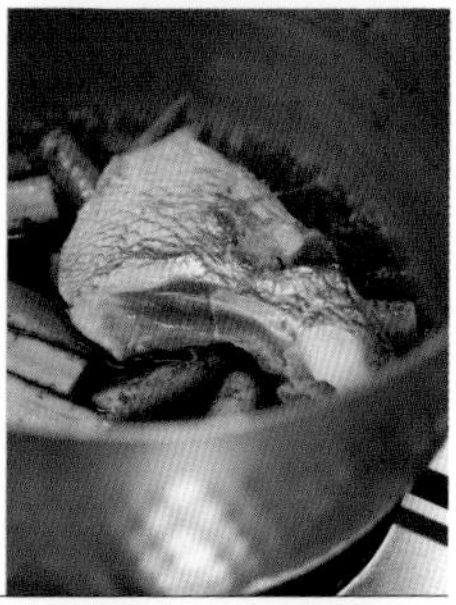

煮がため
あらや魚は、煮立った煮汁に入れて
表面をかためる。

あぶく煮
泡を立てながら
落としぶたをして少ない煮汁を
対流させると、上側にも火が入る。

煮つめ
煮汁をスプーンで上からかけながら
煮つめ、濃厚な味を表面にからめる。
短時間なので、身は白いまま、
風味が生きる。

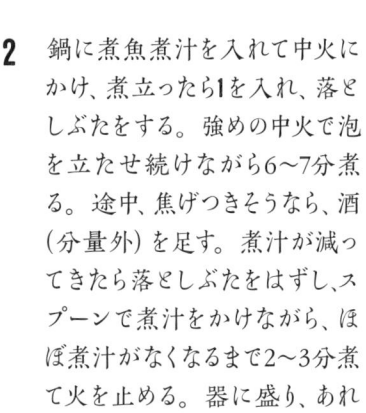

さばのしょうゆ煮

さばをしょうゆで煮ると
濃厚なのに、後味すっきり。
5分ほどのスピード料理。

材料(2人分)と作り方

さば(三枚におろしたもの) — ½尾(180g)
塩 — 小さじ¼
長ねぎ — 1本
煮魚煮汁(P94) — 全量

1 さばの全体に塩をふり、冷蔵庫で10分以上おく。水気をふき、小骨があれば除いて半分に切り、皮に切り込みを入れる。長ねぎは表面に細かく切り込みを入れ、5cm長さに切る。

2 フライパンに煮魚煮汁を入れて中火にかけ、煮立ったら1を入れ、オーブン用シートで落としぶたをする。弱めの中火で3〜4分煮たら、落としぶたをはずし、スプーンで煮汁をかけながら、とろっとするまで1〜2分煮て火を止める。器に盛り、好みで粉唐辛子(韓国産・中びき)をふる。

MEMO
さばの代わりにぶり、いわし、さんまでも。

青魚を弱火で煮ると、
生臭さが残りやすく、
火が通るのにも時間がかかり、
身が締まってかたくなります。

煮魚煮汁（白身魚用）

鯛、きんめ鯛などの白身魚の煮魚は、みりん、うす口しょうゆのやわらかい甘辛味で。淡泊な魚の風味を生かします。

水 ― 100mℓ
みりん、うす口しょうゆ ― 各大さじ2
しょうが（薄切り）― 10g

＊鍋中で合わせ、煮立ててから魚を入れる

あこうだいの煮つけ

料亭風の煮魚もお手のもの。ふんわりやわらかな魚の身を熱々で楽しめます。

材料（1尾分）と作り方

あこうだい（内臓やうろこを除いた下処理済みのもの）― 1尾（約220g）
れんこん（7㎜幅の半月切り）― 30g
煮魚煮汁（白身魚用）― 全量

1　フライパンに煮魚煮汁を入れて中火にかけて煮立ったら、あこうだい、れんこんを入れ、ふたをする。

2　中火のまま6〜7分煮たら、ふたをはずし、スプーンで煮汁をかけながら2〜3分煮て火を止める。器に盛り、あれば青ねぎ（小口切り）を添える。

MEMO
あこうだいの代わりにめばる、さわらでも。

1尾で煮る時にはフライパンで、ふたをしてさっと煮ます。煮汁がとろりとなったら煮あがり。

干ししいたけと油揚げの甘煮

作れないと思い込んでいた
王道料理がおいしくできると、
他の料理も色々作りたくなります。

甘煮だれ（干ししいたけ・かんぴょう用）

干ししいたけは冷蔵庫でゆっくりもどしてふっくらと。

干ししいたけのもどし汁 — 100mℓ
砂糖、酒、しょうゆ — 各大さじ2

材料（作りやすい分量）と作り方

干ししいたけ（乾物） — 8枚
かんぴょう（乾物） — 10g
甘煮だれ（干ししいたけ、かんぴょう用） — 全量

1 干ししいたけは水につけ、冷蔵庫にひと晩おいてもどし、軸を除く。もどし汁はとっておく。

2 かんぴょうはさっと洗って、塩適量（分量外）で表面に傷をつけるようにしながらもみ、弾力が出たら塩を洗い流す。やわらかくなるまでゆでて湯をきり、適当な長さに切る。

2 小鍋に1、2、甘煮だれの干ししいたけのもどし汁、砂糖、酒を入れて中火にかける。煮立ったら5分煮てしょうゆを加え、ふたをして火を弱め、時々混ぜながら煮汁がほぼなくなるまで15分ほど煮て火を止める。ふたをしたまま冷ます。翌日食べるのが味がしみておすすめ。

MEMO
先に砂糖の甘みを入れてからしょうゆを時間差で入れます。

甘煮だれ（油揚げ用）

うどんの甘ぎつねやいなりずしにも使えます。

水 — 100mℓ
砂糖、酒、しょうゆ — 各大さじ2

材料（作りやすい分量）と作り方

油揚げ（大きめの短冊切り） — 100g
甘煮だれ（油揚げ用） — 全量

1 小鍋に熱湯を沸かして油揚げを入れ、1分ほどゆでてざるにあげて湯をきる。

2 同じ小鍋に油揚げを戻し入れ、甘煮だれの水、砂糖、酒を入れて煮立て中火にし、5分ほど煮る。しょうゆを加え、ふたをして火を弱め、時々混ぜながら煮汁がほぼなくなるまで10分ほど煮て火を止める。ふたをしたまま冷ます。

油揚げは下ゆでして油を抜くと、味のしみ込みがぐんとよくなります。面倒に思えてもぜひ。

にらだれ

肉・魚・豆腐・ご飯・麺。何にでも合う香り高くてパンチのある作りおきだれ。

にら(1cm幅)—100g
しょうゆ—100ml／煮きりみりん(P8)—50ml
いりごま(白)、ごま油—各大さじ1
粉唐辛子(韓国産・中びき)—小さじ1

＊混ぜ合わせて30分以上おく
＊冷蔵で1週間ほど保存可

揚げ魚のにらだれ

たっぷりのにらの香りで、魚料理があとを引く味に。子どもも喜ぶ一品に。

材料(2人分)と作り方
さわら — 2切れ(180g)
塩 — 小さじ¼
片栗粉、米油、
にらだれ — 各適量

1 さわらは一口大に切りながら、あれば小骨を除く。塩を全体にふり、冷蔵庫で10分以上おき、水気をふく。

2 1に薄く片栗粉をまぶし、170℃に熱した米油で揚げる。表面がかたまってきたら箸で時々上下を返しながらカリッと揚げ、油をきる。器に盛り、にらだれをかける。

にらだれ卵黄ご飯

冷蔵庫ににらだれ、卵さえあれば、至福の味は秒でできる。

材料(1人分)と作り方
温かいご飯に卵黄1個分をのせ、にらだれ適量をかけ、混ぜながらいただく。

おいしさに家族がうなる
熱愛洋食ソース。

日本で独特の進化を遂げた家庭の洋食。
嫌いな人はいないのではないでしょうか。
和食好きの私でも、食卓が純和風だとちょっと寂しい気がして、
一品でもこんな洋食があれば、なんとなく食卓が盛り上がります。
洋食は基本のソースを作り慣れれば家庭で食べるのが
一番、おいしいと思います。
昭和の家のカレーは同じルーなのに家庭ごとに味が違いましたよね？
何度も何度も作る、／ソースっと／自分の家の味が自然にできてくると思います。

ハンバーグソース

毎回、絶対、おいしいハンバーグになる
かんたんで失敗のない頼もしいソース。
赤ワインのアルコール分をとばして、
好みの濃度になるまで煮るだけ。

材料（作りやすい分量）と作り方

赤ワイン ── 100㎖
ウスターソース、トマトケチャップ ── 各50㎖
砂糖、しょうゆ ── 各大さじ1
バター ── 10g

1 赤ワインを煮立たせる

赤ワインを鍋に入れて強めの中火にかける。煮立ったら火を少し弱め、1〜2分煮つめる。

2 とろみがつくまで煮る

バター以外の他の材料を加えてヘラで焦げつかないように混ぜながら、少しとろみがつくまで煮つめる。バターを加えて溶けるまで煮る。

ハンバーグソースをおいしく作る

・赤ワインは、しっかり煮立てて
アルコール分をとばすと、うまみに変わる。
・砂糖でトマトケチャップの酸味を
まろやかに。
・しょうゆを入れることで
ごはんに合う味に。
・バターはコク出しの役割。
最後に入れる。

ハンバーグ

ハンバーグはうちのが最高！
という味になるレシピです。

材料（2人分）と作り方

合いびき肉 ― 400g
塩 ― 小さじ⅓
玉ねぎ（みじん切り） ― 100g
A ┌パン粉 ― 30g
　 │牛乳 ― 50mℓ
　 └溶き卵 ― 1個分
オリーブオイル ― 小さじ2
ハンバーグソース ― 150mℓ

1 玉ねぎは耐熱容器に入れてラップをし、電子レンジに2分かけ、そのまま冷ます。Aを混ぜ合わせておく。

2 ボウルにひき肉、塩を入れて練り混ぜ、粘りが出たら、1を加えてさらによく練り、ラップをかけて冷蔵庫で1時間以上寝かせる。

3 フライパンにオリーブオイルを入れて中火にかける。手に油（分量外）を少し塗り、2等分して丸めたハンバーグを入れ、ふたをして3分焼く。片面がこんがり焼けたら裏返し、もう一度ふたをする。3分焼いたら、水100mℓを足して再びふたをして5分ほど蒸し焼きにする。ハンバーグに火が通ったら、好みのつけ合わせとともに器に盛りつける。

4 3のフライパンにハンバーグソースを入れて中火にかけ、ヘラで混ぜながらとろっとするまで煮つめる。ハンバーグにかける。

MEMO

・最初にひき肉と塩を練り混ぜ、粘りを出すと、焼いた時に割れにくくなります。

・たねは成形する前に冷蔵庫で休ませると、肉汁あふれる焼き上がりに。

・最初に表面を焼きかためて、肉汁を逃さず蒸し焼きにすることで、中までふっくら火が通ります。

トマト煮込みハンバーグ

煮込みハンバーグは、ハンバーグを小さくしてシチューのように仕立てると、火通りも安心。

材料(2人分)と作り方

合いびき肉 — 400g
塩 — 小さじ⅓
玉ねぎ(みじん切り) — 100g
A パン粉 — 30g
A 牛乳 — 50mℓ
A 溶き卵 — 1個分
オリーブオイル — 小さじ2
しめじ(石づきを落としたもの) — 100g
ピーマン(1cm幅の輪切り) — 1〜2個分
B カットトマト缶 — 150mℓ
B ハンバーグソース(P102) — 50mℓ

1 ハンバーグを作る。ハンバーグ(P103)の作り方**1**〜**2**の要領でたねを作る。

2 フライパンにオリーブオイルを入れて中火にかけ、手に油(分量外)を少し塗り、4等分して丸めたハンバーグを入れ、ふたをして3分焼く。片面がこんがり焼けたら裏返し、ふたをする。3分焼いたら**B**を順に入れ、ハンバーグの全体にスプーンで煮汁をかけながらなじませ、手でほぐしたしめじ、ピーマンをのせる。ふたをして5分ほど蒸し焼きにしてハンバーグに火を通す。

ロコモコ風丼

ハンバーグがなくても、ロコモコの味。
半熟の目玉焼きの黄身を
くずしながら、からめて大満足。

材料（1人分）と作り方

ベーコン — 2枚（30g）
オリーブオイル — 小さじ1
卵 — 1個
温かいご飯 — 適量
ハンバーグソース（P102） — 大さじ1〜2
レタス（せん切り） — 適量

1 フライパンにベーコンを並べて入れ、中火にかける。片面がカリッと焼けたら上下を返し、オリーブオイルを加え、ベーコンとベーコンの間に卵を落とし入れて焼く。卵が好みの半熟状になったら火を止める。

2 器にご飯を盛り、レタスを添え、1をのせる。温めたハンバーグソースをかける。

ミートソース

牛肉の煮込みでもあり、
野菜料理でもあるミートソース。
牛肉のうまみに、蒸し煮で
甘みをしっかり引き出した
たっぷりの野菜が加わるから、
コクがあるのに後味あっさり。

材料（作りやすい分量）と作り方

牛ひき肉 ― 400g
塩 ― 小さじ1

A
- 玉ねぎ（粗みじん切り） ― 400g
- にんじん（粗みじん切り） ― 100g
- しいたけ（粗みじん切り） ― 50g
- セロリ（粗みじん切り） ― 50g
- にんにく（粗みじん切り） ― 2片分

オリーブオイル ― 大さじ2
粗びき黒こしょう ― 少々
赤ワイン ― 100㎖

B
- カットトマト缶 ― 1缶（400g）
- トマトケチャップ、中濃ソース ― 各大さじ2
- 砂糖、鶏ガラスープの素（顆粒）、しょうゆ ― 各大さじ1

1 野菜を炒めて甘みを出す

鍋にオリーブオイルを中火で熱し、Aを入れてすべての野菜がしんなりするまで炒める。

2 牛ひき肉を香ばしく炒めて煮る

ひき肉、塩、粗びき黒こしょうを加えてさらに炒める。牛肉に火が通ったら、赤ワインを加えて煮立ててBを加え、あればローリエ1枚を加える。時々混ぜながら、弱火で15分ほど、最初バラバラで粒状だったのが、しっとりとまとまり鍋底が見えるくらいになるまで煮る。

*しいたけはマッシュルームでも他のきのこでも。
*セロリはお好みで。なくてもOK。
*冷蔵で5日間ほど保存可。

ミートソース パスタ

牛ひき肉で作ったソースだから、ひと味違う。

材料（1人分）と作り方

好みのパスタ（フェデリーニを使用）
— 80～100g
ミートソース — 150g
粉チーズ — 適量

鍋に水1.5ℓ、塩大さじ1を入れて沸かし、パスタを袋の表示時間通りゆでて、ざるにあげて湯をきる。器にパスタを盛り、温めたミートソースをかけ、粉チーズをふる。

ミートドリア

ご飯にのせて焼くだけでも
自家製ミートソースを使うから、
特別の味。

材料（1人分）と作り方

バターライス
- 温かいご飯 — 150g
- バター — 10g

ミートソース（P106） — 150g
シュレッドチーズ — 適量

スキレット（または耐熱容器）にバターライスの材料を入れて混ぜる。ミートソースをのせ、チーズをかけ、魚焼きグリルで2分ほどチーズにおいしそうな焼き目がつくまで焼く。あればパセリ（みじん切り）をふる。

ご飯にバターを混ぜるだけで
いい風味がつき、
全体がおいしくまとまります。

ミートポテサラ

じゃがいもにミートソースを
混ぜて肉料理に。
冷ましてフライパンで焼いても、
衣をつけてコロッケのように揚げても。

材料(2人分)と作り方
じゃがいも(一口大に切る)
— 2個(200g)
ミートソース (P106) — 150g
砂糖 — 小さじ1
バター — 10g

1 小鍋にじゃがいも、じゃがいもの高さの8分目くらいの水、塩ひとつまみ、砂糖を入れて、中火にかけてふたをする。時々混ぜながら、じゃがいもがほっくりと煮え、ほとんど湯がなくなったらミートソースを加えて火を少し弱め、ヘラでよく混ぜる。

2 ミートソースが温まって全体になじんだら火を止め、バター、塩ひとつまみを加えてからめる。器に盛り、あればセロリの葉を添えても。

ゆで方で甘みを引き出した
じゃがいもに、
ミートソースをからめるだけ。

タルタルソース

具はたっぷりがおいしいのがタルタルソース。
マヨネーズにほんの少しの塩を加えて、おいしく味決め。

材料（作りやすい分量）と作り方

卵 — 1個
マヨネーズ — 60～80g
玉ねぎ（みじん切り）、ピクルス（みじん切り）— 各15g
パセリ（みじん切り）— 少々
塩 — ひとつまみ
こしょう — 少々

1 卵をゆでて刻む
卵は常温に戻して熱湯で10分ゆでて殻をむき、みじん切りにする。

2 材料を混ぜる
すべての材料をよく混ぜる。

タルタルソースのアレンジいろいろ

- ピクルスは、しば漬け、たくあんなど漬け物のみじん切りに代えても。
- レモンや柚子の皮をすりおろしてちらし、香りを添えれば風味豊かに。

鶏むね肉は粉や衣をまぶして焼くと、
ふんわりしやすい。
天ぷら衣はボリュームが出すぎるので、
ピカタのような衣で軽やかに。
鶏むね肉はこの方法で焼くと、
短時間でしっとりやわらかく焼けます。

タルタルチキン

鶏むね肉の一番早くておいしい焼き方がこれ。
たっぷりのタルタルソースで
淡泊な肉ががつんとおいしくなります。

材料(2人分)と作り方

鶏むね肉 — 1枚(250g)
小麦粉 — 大さじ2
溶き卵 — 1個分
米油 — 大さじ3〜4
塩、こしょう — 各少々
タルタルソース — 適量
つけ合わせ
キャベツ(せん切り)、
ミニトマト — 各適量

1 鶏肉は皮があればはずし、1.5cm幅のそぎ切りにし、塩、こしょうをふり、小麦粉をしっかりまぶしつけ、溶き卵を全体にからめる。

2 フライパンに米油を入れて中火にかけて1を並べ入れ、ふたをして中火で焼く。片面が7割がた焼けて白くなったら上下を返して30秒ほど焼き、揚げ網に取り出して蒸気を逃がす。つけ合わせとともに器に盛り、タルタルソースをかける。

えびタルサラダ

えびはチキンスープでゆでると、
下味がついてよりおいしく。
少ない材料でもタルタルソースを
たっぷりかければ、ごちそうに。

材料（作りやすい分量）と作り方
えび（殻つき）── 100g
トマト、アボカド、
　タルタルソース（P110）── 各適量
A［水 ── 200mℓ
　鶏ガラスープの素（顆粒）── 小さじ1
レモンの皮 ── 適量

1　えびは下処理をする（P7）。小鍋に**A**を入れて中火にかけ、沸いたらえびを入れ、すぐふたをして火を止め、粗熱がとれるまでそのままおく。

2　トマト、アボカドは一口大に切る。

3　汁気をきった**1**、**2**を器に盛り合わせ、タルタルソースをかける。レモンの皮をすりおろしてちらす。

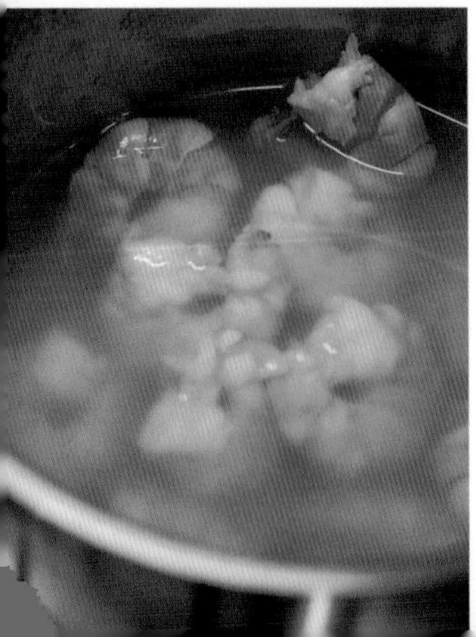

たらのフライ

白身魚をふんわり軽やかに揚げ、
タルタルソースをたっぷりと。
たらは皮を除くと、
臭みが残らず、食べやすい。

材料(2人分)と作り方

たら ― 2～3切れ(180g)
塩 ― 小さじ¼
小麦粉、溶き卵、
パン粉、米油、
タルタルソース(P110) ― 各適量

1 たらは全体に塩をまぶし、冷蔵庫で10分以上おいて水気をふき、皮や小骨があれば除き、食べやすい大きさに切る。

2 1に小麦粉、溶き卵、パン粉を順につけ、170℃に熱した米油に入れて揚げる。表面がかたまってきたら、箸で転がしながらカリッと揚げ、油をきる。好みの野菜とともに器に盛り、タルタルソースをつけていただく。

ホワイトソース

劇的にかんたん時短。そしておいしい！
クリーミーでナチュラルな味わい。
後で火を入れることを考えて
ゆるめに仕上げるのが唯一のコツ。

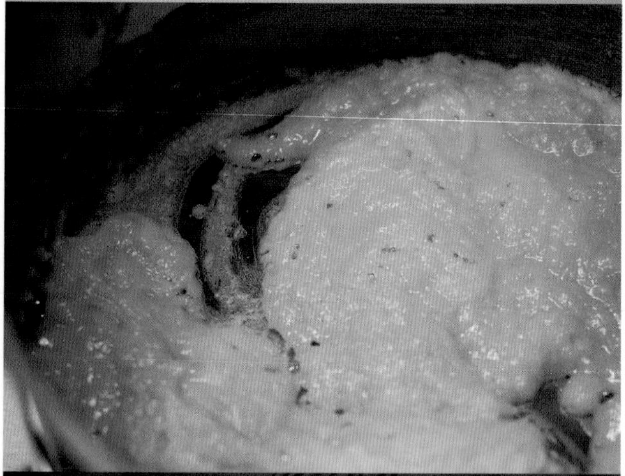

材料（作りやすい分量）と作り方

バター── 25g
小麦粉 ── 25g
牛乳 ── 300㎖

1 小麦粉をバターで炒める
鍋にバターを入れて中火にかけ、バターが溶けたら小麦粉を加えてヘラでよく混ぜながら1分ほど炒めて小麦粉にしっかり火を通す。

2 牛乳を一度に加えてなめらかに混ぜる
牛乳を加え、泡立て器で絶えずよく混ぜながら、表面がふつふつとし、なめらかになるまで3～5分煮る。

ホワイトソースをおいしく作る

- 粉っぽさを残さないのが、おいしいホワイトソースを作る基本。
- ヘラで混ぜると鍋底が見え、表面がカサッとしたら（写真左中）、すぐ小麦粉を加える。小麦粉には、しっかり火を通す。
- 牛乳を加えたら、泡立て器でなめらかになるまで混ぜるだけ。鍋の隅が焦げやすいので注意する。

えびのクリームシチュー

ホワイトソースさえあれば、スープと合わせて手軽にクリームシチューが作れます。

材料(2人分)と作り方

ホワイトソース(温めたもの) — 全量
えび(殻つき) — 小10尾(100g)
玉ねぎ — 1個
ブロッコリー — ½株
エリンギ — 1〜2本
A［水 — 200mℓ
　 鶏ガラスープの素(顆粒) — 小さじ1
塩 — 小さじ¼
オリーブオイル — 小さじ1

1 玉ねぎは6等分のくし形切りに、ブロッコリーは小房に切り分け、エリンギは食べやすい大きさに切る。えびは下処理(P7)をする。

2 鍋に玉ねぎ、**A**を入れて中火にかけ、ふたをして煮る。

3 フライパンにオリーブオイルを中火で熱し、えびを焼く。途中上下を返して火を通す。

4 **2**の玉ねぎがやわらかく煮えたら、ブロッコリー、エリンギを加えて1〜2分煮て、えび、ホワイトソース、塩を加えて混ぜ、1〜2分煮て全体がなじんだら火を止める。

鶏とほうれん草のグラタン

具を炒めてホワイトソースをからめ、魚焼きグリルで焼くだけ。クリーミーでやさしい味。

材料(2人分)と作り方

鶏もも肉 — ½枚(150g)
塩 — 適量
こしょう — 少々
玉ねぎ(粗みじん切り) — 70g
ほうれん草 — ½束
ホワイトソース(P114・温めたもの) — 全量
オリーブオイル — 大さじ1
ゆで卵 — 1個

1 鶏肉は一口大に切り、塩少々、こしょうをふる。ほうれん草はゆでて水にさらして水気をしぼり、3cm幅に切る。

2 フライパンにオリーブオイルを中火で熱し、玉ねぎを炒め、透明感が出てきたら鶏肉を加える。鶏肉に火が通ったら、ほうれん草を加えてさっと炒め、ホワイトソース、塩小さじ½を加えて混ぜ、火を止める。

3 さっとぬらした耐熱の皿に**2**を等分に入れ、半分に切ったゆで卵を真ん中にのせ、魚焼きグリル(またはトースター)で表面に焼き色がつくまで焼く。

MEMO
ホワイトソースがかたい場合は、牛乳で好みのとろみにゆるめてから炒めた具と合わせると、おいしく仕上がります。好みでシュレッドチーズやパン粉をのせてから、焼いても。

チキンカレーとサブジのプレート

チキンカレー ↓P119
サブジ ↓P120～121

カレーベース

野菜とパウダースパイスを
蒸し煮にするだけ。
軽やかでやさしい味。
辛さも好みで調整できます。

材料（できあがり約200g）と作り方

A
- にんにく（粗みじん切り）— 15g
- オリーブオイル — 大さじ3

玉ねぎ（粗みじん切り）— 200g
トマト（粗みじん切り）— 100g

B
- ターメリックパウダー *1 — 小さじ2
- クミンパウダー *2、コリアンダーパウダー *3 — 各小さじ1
- チリパウダー *4、粗びき黒こしょう — 各少々
- 塩 — 小さじ1

1 蒸し煮にして甘みを出す
厚手の鍋にAを入れて中火で炒め、香りが立ったら玉ねぎを加えてしんなりするまで炒め、トマトを加えてふたをして弱火で5分ほど蒸し煮にする。

2 スパイスを炒めて香りを引き立てる
Bを順に加え、その都度全体にからめて炒め、ぽってりとしたら火を止める。

＊ ＊1～4がない場合は、カレー粉小さじ2程度で代用可。

カレーベースをおいしく作る

・水分を足さず、野菜の水分で蒸し煮にするのがおいしさの決め手。
・オイルはスパイスの香りを引き立たせ、カレーベースの味をまとめるうまみの素。
・辛みを足したい時は、チリパウダーの量を増やす。

チキンカレー

本格チキンカレーもサブジも作り方は同じ。
材料にカレーベースをからめて蒸し煮にしてできあがり。

材料(2人分)と作り方
鶏もも肉 — 1枚(300g)
カレーベース — 100g
しょうゆ — 大さじ½
塩、こしょう — 各少々

1 鶏肉は1cm幅のそぎ切りにし、塩、こしょうをまぶす。

2 鍋にカレーベース、1を入れ、ヘラで混ぜて全体にからめてからふたをして、弱めの中火で時々混ぜながら、蒸し煮にする。鶏肉に火が通ったら、しょうゆを加えて混ぜ、火を止める。

3 器に盛り、あればしし唐辛子(小口切り)をあしらう。

カレーベースで、かんたん本格サブジ

たっぷりの野菜とほどよいスパイスが、野菜の風味を生かします。

作り方

1 鍋中で野菜とカレーベースをからめる

2 ふたをして時々混ぜ、ごく弱火で蒸し煮にする

3 野菜に火が通り、しんなり（ほくほく）したらAを混ぜる

キャベツのサブジ

ごく弱火でキャベツの甘みを引き出すから、スパイスともよく合います。

材料（2人分）と作り方

キャベツ（太めの細切り） — 200g

カレーベース（P118） — 100g

A［しょうゆ — 小さじ1
　削り節 — 3g

じゃがいものサブジ

仕上げに、つぶした黒こしょうをふっても。

材料(2人分)と作り方
じゃがいも(1cm角に切る) — 100g
カレーベース(P118) — 50g
A しょうゆ — 小さじ½
　削り節 — 3g

にんじんのサブジ

にんじんは、じっくり温度を上げながら蒸し煮にし甘みを引き出しておいしく。

材料(2人分)と作り方
にんじん(細切り) — 100g
カレーベース(P118) — 50g
A 塩 — ひとつまみ

オクラのサブジ

南国生まれのオクラは、スパイスとはもちろん相性抜群。

材料(2人分)と作り方
オクラ(塩少々をふって板ずりし、ガクをむいたもの)* — 100g
カレーベース(P118) — 50g
A 塩 — ひとつまみ
*オクラがかたい場合は、蒸し煮する時に水大さじ1くらいを加えるとよい。

一生使える配合が
ひと目でわかる
保存版

「味つけカード」

定番甘酢

砂糖 — 大さじ2
酢 — 大さじ2
うす口しょうゆ — 大さじ2

関西風すし酢

酢 — 40 ml
砂糖 — 大さじ2
塩 — 小さじ2/3

ごま酢

酢 — 50㎖
砂糖 — 大さじ2
うす口しょうゆ
　— 小さじ1
すりごま（白）
　— 大さじ3

浅漬け酢

酢 — 大さじ1½
うす口しょうゆ — 大さじ½
砂糖、塩 — 各小さじ1
だし汁 — 100㎖

関東風すし酢

酢 — 40㎖
砂糖 — 大さじ1
塩 — 小さじ⅔

辛子漬け酢

砂糖 — 大さじ2
しょうゆ — 大さじ1
酢 — 大さじ½
粉辛子 — 小さじ1〜2

玉ねぎドレッシング

酢 — 90㎖
煮きりみりん — 90㎖
米油 — 90㎖
おろし玉ねぎ — 大さじ3
塩 — 大さじ1

おろしぽん酢

大根おろし —200g
おろしりんご —100g
おろしにんにく —1片分
しょうゆ —150㎖
砂糖 — 大さじ3
好みの柑橘果汁 — 大さじ3
酢 — 大さじ1
削り節 — 3g

定番ぽん酢

しょうゆ —100㎖
煮きりみりん —100㎖
好みの柑橘果汁 —60㎖
昆布（5㎝四方）— 1枚

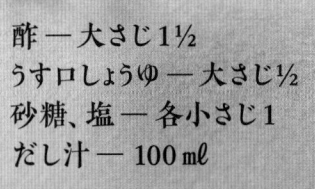

ケチャップ甘酢

砂糖 — 大さじ1½
酢、しょうゆ、
　トマトケチャップ
　— 各大さじ1
水 — 100mℓ
片栗粉 — 大さじ½

みそ汁

だし汁 — 2カップ +
　西京白みそ — 80〜120g

だし汁 — 2カップ + 赤みそ — 50〜70g

だし汁 — 2カップ +
　信州みそ — 30〜40g

甘みそ

みそ — 大さじ2
みりん — 大さじ2
砂糖 — 大さじ1

田楽みそ

白みそ — 70g
煮切りみりん、練りごま(白)
　— 各大さじ1
砂糖 — 大さじ½

辛子酢みそ

白みそ — 大さじ3
すりごま(白) — 大さじ1
砂糖、酢 — 各大さじ½
溶き辛子 — 小さじ¼〜½

なめろうみそ

みそ — 大さじ1
しょうが（粗みじん切り）— 5g
長ねぎ（粗みじん切り）— 10g
青じそ（粗みじん切り）— 5枚分
いりごま（白）— 小さじ1

ごまみそだれ

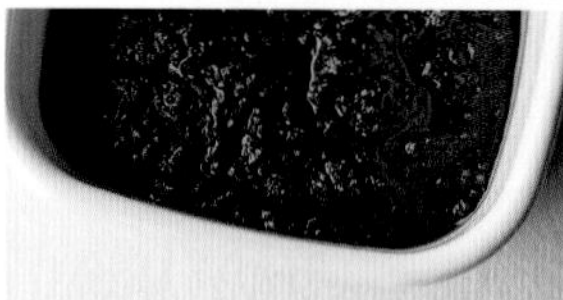

すりごま（黒）— 大さじ5
ごま油 — 大さじ4
みそ — 大さじ3
オイスターソース
　— 大さじ2
砂糖 — 大さじ1
コチュジャン — 大さじ1
おろしにんにく、
　おろししょうが — 各少々

「1+1《いちいち》」煮汁

だし汁 — 1カップ
うす口しょうゆ
　— 大さじ1

吸い地

だし汁(よそ行きだし)— 2カップ
酒 — 小さじ1
うす口しょうゆ — 小さじ½
塩 — 小さじ¼

うどんだし

だし汁 —500mℓ
うす口しょうゆ — 大さじ1
塩 — 小さじ¼

めんつゆ

だし汁 —90mℓ
うす口しょうゆ — 大さじ1½
砂糖 — 小さじ1

おひたし地

だし汁 —100mℓ
うす口しょうゆ — 大さじ1

天つゆ

だし汁 —90mℓ
うす口しょうゆ — 小さじ2
砂糖 — 小さじ½

銀あん

だし汁 — 1カップ
片栗粉、うす口しょうゆ
— 各大さじ1

茶碗蒸し液

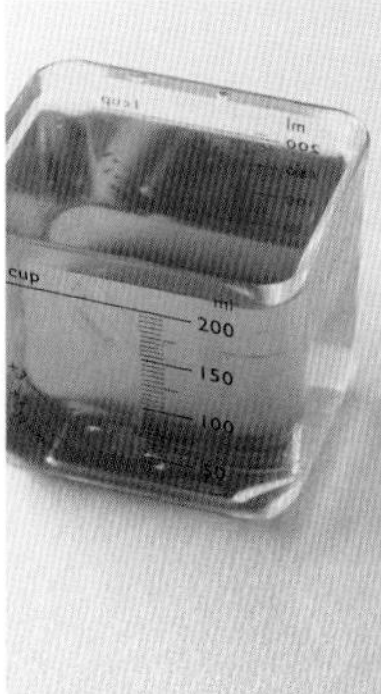

卵 — 1個
だし汁 — 1カップ
うす口しょうゆ — 小さじ2

だし巻き液

卵 — 3個
だし汁 —100mℓ
片栗粉、うす口しょうゆ
— 各小さじ2

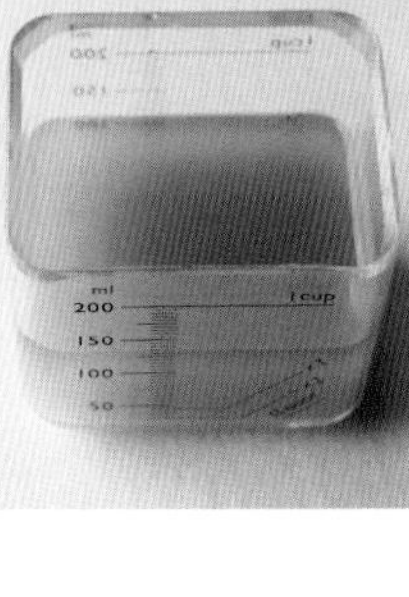

炊き込みご飯の味つけ

だし汁 — 1カップ
うす口しょうゆ
— 大さじ1
砂糖 — 小さじ1
塩 — 小さじ¼

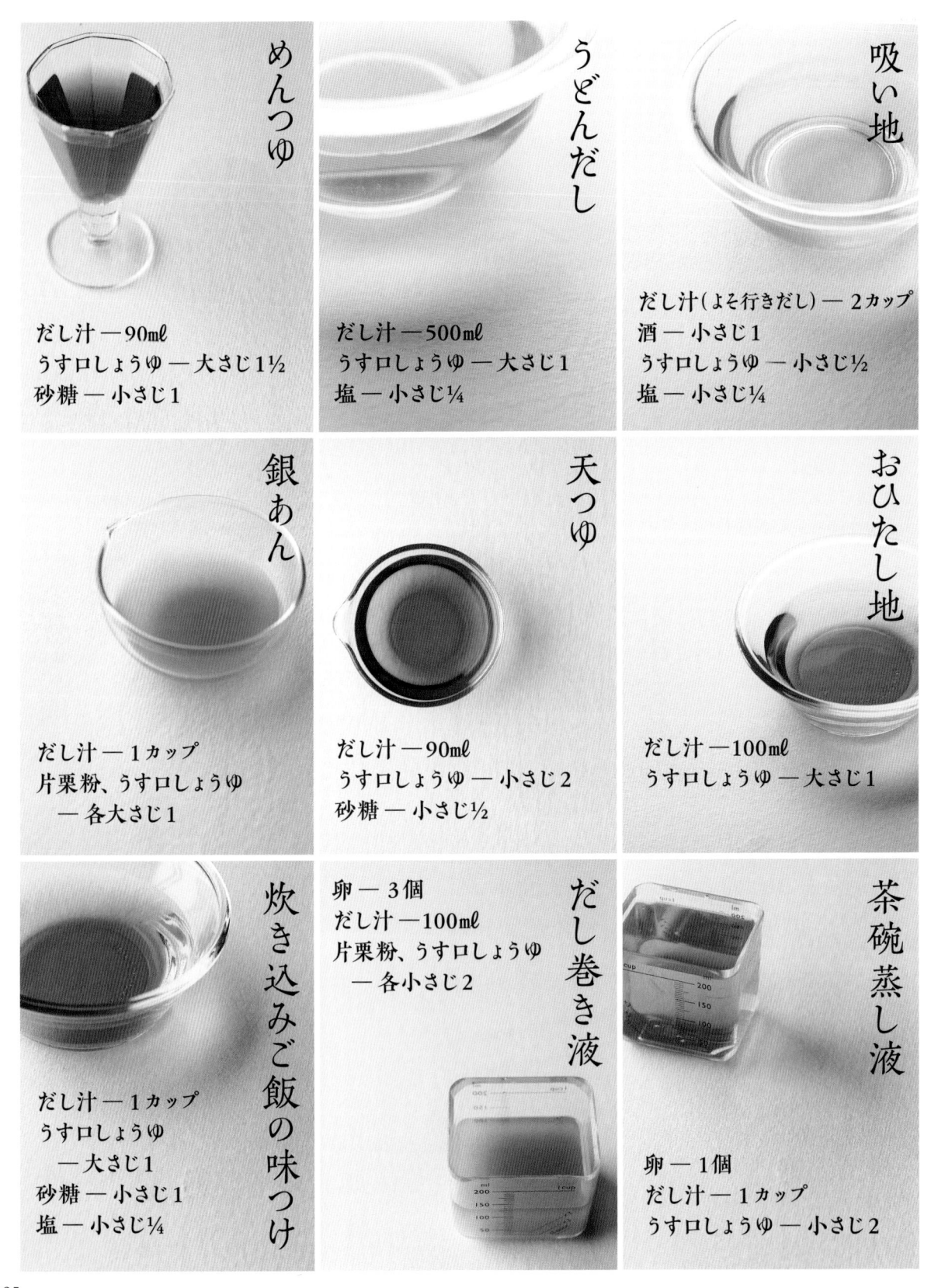

豚すきだれ

砂糖 — 大さじ1
うす口しょうゆ — 大さじ2

すき焼きだれ

砂糖 — 大さじ1
しょうゆ — 大さじ1

照り焼きだれ

みりん — 大さじ1
うす口しょうゆ — 大さじ1

づけだれ

刺身 100gに
砂糖 — 大さじ1
しょうゆ — 大さじ1

湯豆腐だれ

しょうゆ —100mℓ
みりん、酒 — 各40mℓ
長ねぎ (みじん切り) —30g
削り節 — 3g

焼き肉だれ

砂糖 — 大さじ1½
しょうゆ — 大さじ1½
ごま油 — 大さじ½
おろしにんにく — 小さじ½

にらだれ

にら (1cm幅) —100g
しょうゆ —100mℓ
煮きりみりん —50mℓ
いりごま (白)、ごま油
— 各大さじ1
粉唐辛子(韓国産・中びき)
— 小さじ1

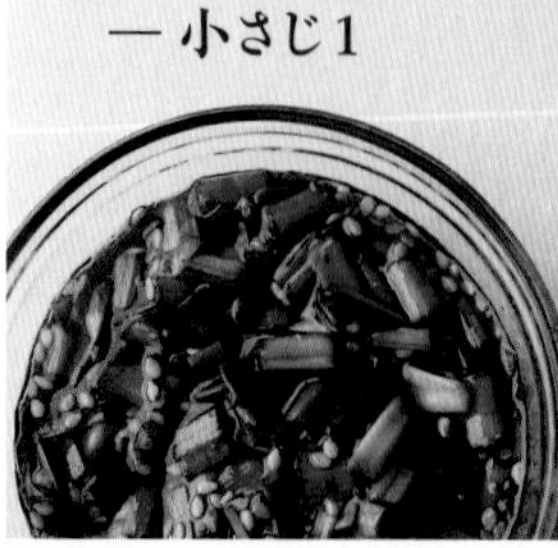

煮魚煮汁（白身魚用）

水 —100mℓ
みりん — 大さじ2
うす口しょうゆ — 大さじ2
しょうが (薄切り) — 10g

煮魚煮汁

酒 —100mℓ
砂糖 — 大さじ3
しょうゆ — 大さじ3
しょうが (薄切り) —10g

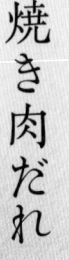

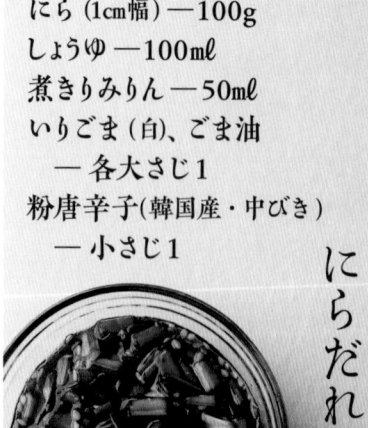

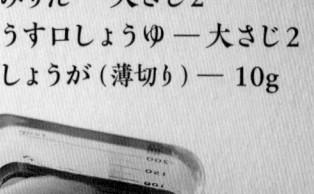

ハンバーグソース

赤ワイン — 100mℓ
ウスターソース、
トマトケチャップ — 各50mℓ
砂糖、しょうゆ — 各大さじ1
バター — 10g

甘煮だれ（油揚げ用）

水 — 100mℓ
砂糖、酒、しょうゆ
— 各大さじ2

甘煮だれ（干ししいたけ・かんぴょう用）

干ししいたけの
もどし汁 — 100mℓ
砂糖、酒、しょうゆ
— 各大さじ2

ホワイトソース

バター — 25g
小麦粉 — 25g
牛乳 — 300mℓ

ミートソース

牛ひき肉 — 400g
A
玉ねぎ（粗みじん切り）— 400g
にんじん（粗みじん切り）— 100g
しいたけ（粗みじん切り）— 50g
セロリ（粗みじん切り）— 50g
にんにく（粗みじん切り）— 2片分
オリーブオイル — 大さじ2
塩 — 小さじ1
粗びき黒こしょう — 少々
赤ワイン — 100mℓ
B
カットトマト缶 — 1缶（400g）
トマトケチャップ、中濃ソース — 各大さじ2
砂糖、鶏ガラスープの素（顆粒）、しょうゆ — 各大さじ1

タルタルソース

ゆで卵（みじん切り）— 1個
マヨネーズ — 60〜80g
玉ねぎ（みじん切り）、
ピクルス（みじん切り）
— 各15g
パセリ（みじん切り）— 少々
塩 — ひとつまみ
こしょう — 少々

カレーベース

A
にんにく（粗みじん切り）— 15g
オリーブオイル — 大さじ3
玉ねぎ（粗みじん切り）— 200g
トマト（粗みじん切り）— 100g
B
ターメリックパウダー＊ — 小さじ2
クミンパウダー＊、
コリアンダーパウダー＊ — 各小さじ1
チリパウダー＊、粗びき黒こしょう
— 各少々
塩 — 小さじ1

＊はカレー粉小さじ2程度で代用可。

大原千鶴

おおはら・ちづる

料理研究家。京都・花脊《はなせ》の料理旅館「美山《みやま》荘」が生家。豊かで厳しい自然に囲まれて育ちながら、食材の成り立ちと料理の心得を学ぶ。3児の子育てを行いながら、料理研究家の活動をスタートし、テレビ、出版、講演など幅広いジャンルで活躍。シンプルで作りやすく、作れば確実においしくできるレシピと、明るく親しみやすい人柄で、幅広い年代から支持を得ている。

著書に『大原千鶴のいつくしみ料理帖』（世界文化社）、『冷めてもおいしい和のおかず』（家の光協会）、小社刊に『ラクしておいしく使いきり 大原千鶴のストックレシピ』、『大原千鶴の和食』、『まいにちおべんとう』等。

アートディレクション、デザイン　天野美保子
写真　邑口京一郎
調理アシスタント　酒井智美
編集　土居有香（株式会社メディエイトKIRI）
プロデュース　高橋インターナショナル

大原千鶴のお料理ノート
一生使える、基本の味つけ 決定版

著　者　大原千鶴
発行者　高橋秀雄
発行所　株式会社 高橋書店
〒170-6014
東京都豊島区東池袋3-1-1　サンシャイン60　14階
TEL 03-5957-7103
ISBN 978-4-471-40889-3

《内容についての問い合わせ先》
書面　〒170-6014
東京都豊島区東池袋3-1-1　サンシャイン60　14階　高橋書店編集部
FAX　03-5957-7079
メール　小社ホームページお問い合わせフォームから
(https://www.takahashishoten.co.jp/)

《不良品についての問い合わせ先》
ページの順序間違い・抜けなど物理的欠陥がございましたら、電話03-5957-7076へお問い合わせください。
ただし、古書店等で購入・入手された商品の交換には一切応じられません。